ビビる大木、渋沢栄一を語る

僕が学んだ「45の教え」

ビビる大木・著

プレジデント社

まえがき

2021（令和3）年のNHK大河ドラマ「青天を衝け」の主人公である渋沢栄一さんは、現在の埼玉県深谷市に生まれた方でした。

その渋沢栄一さんをテーマに、原稿執筆の依頼をいただきました。「埼玉県春日部市生まれのビビる大木さんなら、同県人ということもあり、渋沢さんの書籍を1冊書けるのではないか」と、どうやら思われていたらしく、その理屈のすごさに、「ちょうど書きたいと思っていたところです」と答えてしまった僕です。

出版社の「プレジデント社」書籍編集部と書籍販売部兼任部長である桂木栄一さんからの依頼でした。この依頼にはたぶん、僕が以前から幕末が大好きで、過去に数冊、幕末関連の書籍を書いているという情報があったからだろうと思います。ありがたいことです。

僕からすると、渋沢「栄一」さんと、桂木「栄一」さん。二人の栄一さんからいただいたご縁を大切にしたいという気持ちが働きました。

ただ、それまで僕は渋沢栄一さんについて、あまり知りませんでした。幕末が好きな僕なので、明治に入って活躍された渋沢さんのことには、詳しくなかったのです。

聞けば、渋沢さんも、幕末の頃には倒幕を企てたり、徳川慶喜とも関係があると知り、それならば改めて勉強しながら渋沢さんについて書いてみようと思い、筆を執ることに決めました。

僕が幕末を好きな理由は、みんなが躍動している、ごちゃごちゃ感があるからです。たとえば、吉田松陰が主宰した松下村塾の門下生たちは、みな当時20代でした。松陰先生も20代です。そんな20代の若き志士たちは、自分の生活のことではなく、「この国をどうするか?」という気持ちで考え、動いていたわけです。そんな20代が、あの時代には何人もいました。

それを知ったとき、「20代で、そんな気持ちで暮らせるの?」というのが、僕の正直な感想でした。そこから一気に興味が湧いていったのです。

「江戸幕府を倒そう」と動いた薩摩、長州がいて、本当にいろいろな理由をつくり、こじつけたりしながら、何とか徳川幕府を終わらせて、自分たちの時代、明治新政府をつくりました。つくってみたら、今度は自分たちが偉いポジションになり、自分たちが汚職をする……。なんだか今も耳にするような話だと思いませんか？　人間は本当に同じことを繰り返すんだなと思いました。

結局、人間は一緒です。自分が上に立つときは、どうしても自分の欲するままに動いてしまう。明治維新の熱い気持ちも、上に立ってしまったらそうなるわけです。

だから僕は、明治に入ってからの歴史にはあまり関心がないんです。僕は幕末のあの、どさくさに紛れて、国をどうするんだ、帝をどうするんだ、将軍をどうするんだと言ってみんなが躍動している、あの右往左往しているごちゃごちゃした感じが好きなんです。

でも、渋沢さんはそういう人ではありません。明治新政府で役職に就きますが、自らその職を辞して、民間に下ります。

「せっかく偉くなれたのに、なぜ?」

僕の知っている明治時代に活躍した偉人とは、どうやら少し生き方・考え方が違うようなのです。渋沢さんのそんなところが、僕の好奇心を刺激します。

渋沢さんをもっとよく知るために、『論語と算盤』をはじめ、渋沢さんに関する本を何冊も読みました。そのうえで、僕が語る「渋沢さんの一生」を第1章で書かせてもらいました。コラムでは、渋沢さんの人となりがわかるエピソードをまとめています。

第2章、第3章では、僕の芸人としての生き方・考え方を書きながら、それにリンクする渋沢さんの考えに触れています。第4章以降は、渋沢さんが残した数多くの言葉から、僕が気になった言葉、感銘を受けた言葉を選んで、僕なりに解説してみました。渋沢さんがどんな人なのか、少しでも多くの方に伝われば嬉しい限りです。

実はこの本には、僕独自の視点を入れ込みました。「中間管理職の視点」です。僕は今46歳、まさにお笑い界の中間管理職真っ只中にいます。悩みます、自分はこれまで何か成し遂げたのか、これからどう生きるのか……。みなさんもそんな悩み、あると思います。

その年齢の頃の渋沢さんは、もうとっくに明治新政府を離れて、銀行をつくり、会社をいくつもつくり、別荘までつくっているんです。そんな熱意あふれる渋沢さんの生き様に触れ、力強い言葉に触れ、僕は「よし、まだまだ頑張ろう！」と思えたんです。みなさんにも、この気持ち、おすそ分けできればと思い、必死に書きました。

渋沢さんに「こんばんみ」と挨拶したら、何と言うかな？「新しいね！」と言ってくれるかも。

「渋沢さん、こんな機会をいただいて、ありがとうございます！」

２０２０年11月

ビビる大木

もくじ

まえがき …… 2

序章 幕末大好き人間が渋沢さんに出会う

ビビる大木が幕末を好きになったわけ …… 20
吉田松陰先生の奇人さを知れば知るほどのめり込み …… 22
松陰先生が教えてくれた「学び」の意味 …… 25
僕は「ジョン万次郎資料館」名誉館長 …… 27
「お笑い中間管理職」は渋沢栄一から学ぶ!? …… 31
幕末・明治・大正、そして昭和と、太く長く生きぬいた91歳の人生 …… 34
コラム① 渋沢栄一が愛した飛鳥山の邸宅 …… 38

第1章

ビビる大木風 渋沢栄一小伝

「渋沢栄二」ってどんな人？ …… 42
渋沢さん、今で言えば地方の老舗企業のお坊ちゃん …… 44
幕府への不満から倒幕を志す …… 46
お坊ちゃんは七変化。志士から武士、幕臣に …… 49
フランスの地で人生初の金融投資 …… 51
大隈重信に説得され維新政府の官僚になるが…… …… 54
日本初の銀行、第一国立銀行を設立する …… 57
渋沢さんはなぜ、500社も創業できたのか …… 59
本業と社会事業における「ちょっといい話」 …… 62
享年91歳、生きぬいて30人以上のわが子を得た …… 65
コラム② 渋沢栄一とフランスとの縁 …… 68

第2章

「お笑い中間管理職」の近くにいた渋沢栄一の言葉!?

進まない自転車をこぎ続ける僕たちの葛藤!?
〜時期を待つという勇気も必要だ
走り出す前によく考えよ〜 …… 72
テレビの世界はブラックボックス!?
〜蟹は甲羅に似せて穴を掘る〜 …… 76
「軟式野球同好会」を創設したヒーロー
〜およそ人は自主独立すべきものである〜 …… 79
「軟式野球同好会」で生まれた悲劇の主人公も僕 …… 81
「土曜スタジオパーク」の司会で心がけていたこと
〜人の本質を見抜くには、視て、観て、察することだ〜 …… 84
素朴な疑問がしたたかな質問に変わるとき …… 87
40代でも手を抜かないための、小さな挑戦
〜葉のためには枝を、枝のためには根を、培養させねばならない〜 …… 89

僕はマイナス思考だけれど…… 91
芸人の「常識」と「非常識」
～渋沢さんの「常識論」を学ぶ～ 94
僕の「常識」を変えてくれた、堺正章さんの言葉 96
コラム③ 「藍田は家を興す」 98

第3章 どんなことがあっても「心はいつも半ズボン」

変わる「お笑い」の質
～渋沢さんの人生を貫く「人は平等だ！」～ 102
おもしろかったテレビの世界が、変わってきている 105
現在のバラエティは制約だらけ‼
～熱い真心が必要だ！～ 107
テレビで見る「お笑い番組」の舞台裏
～たとえ師であろうと言うべきときは心を込めて～ 109

僕のモットー「心はいつも半ズボン」
〜得意なときと、失意のときと〜 112
44歳の僕、「どうしてもネッシーが見たい！」 114
還暦になってもぶらぶらする僕でいたい
〜人生は無駄なことで成り立っている〜 116
タクシーは使わない。発見の自由こそ宝
〜毎日、新しい何かを探そう〜 118
コラム④ 渋沢栄一の好物と趣味 122

第4章 ビビる大木セレクト 僕を鍛える言葉たち

言葉① やれるところまで、妥協せずにとことんやれ。あとは天命に任せて悔やむな
言われた打順で仕事をする 126

器用、不器用。どっちでもいいが、「生きていかなきゃならん！」……128

言葉②　形を真似るのではなく、優れたものの魂を真似よ

「座っている椅子は特別なものだぞ」……130
魂を真似るとは？……131

言葉③　心を常に楽しもう。成功はその結果である

僕たちの社会貢献って？……133
竹下通り散策は恥ずかしい？……134

言葉④　自分で箸を持とう

松陰先生の言葉を思い出した！……136
指名は最高の成功報酬だ……137

言葉⑤　人は理想を持たねばならぬ、その理想の実現が人の務め

「主義ある行動をとる」……139

僕の相方にとっての18年　141
コラム⑤　尾高惇忠先生と渋沢栄一　143
言葉⑥　素直に望み、奮励努力すれば、運命は開ける
野村沙知代さんに憧れて　145
僕の沙知代さんは「なんくるないさ」　146
言葉⑦　強情を通すわがままを元気と誤解するな
勘違い「天狗」も元気　149
言葉⑧　目的通りにいかない時は、まだ時は至らぬという気持ちで勇気を持って我慢しよう
我慢もまた器量である　150
「反省はするが、後悔はしない」　151
言葉⑨　知るより好く、好くより楽しむ。楽しむになると、困難にあっても挫折しない

三つ目の座右の銘……153
ライバルは理想を高める、純化させる……155
言葉⑩ 知識を授ける教育だけでは、いちいち上の指示を待ち、チャンスを逃す人間になる
若手だった僕の買い出し体験!!……156
コラム⑥ 新撰組局長・近藤勇と渋沢栄一……159

第5章 ビビる大木セレクト 「僕、どう生きる？」に答える言葉たち

言葉① 人間の根本にあるのは「愛」と「善」
渋沢さん、21世紀の今、現実的ではない言葉だと思います……164
言葉② 結末よりも過程が大切である
手柄は譲っても、見ている人は見ている……167

言葉③ **報酬のためだけに商売をしてはならない。そこに必要なことは自分への誇りである**
芸能界での「お金の話」は!? …… 169
永ちゃんが、「当然、話すべきだ」と教えてくれた! …… 170
コラム⑦ 元勲・西郷隆盛を叱った渋沢栄一 …… 171
言葉④ **志が立派なだけでは、世間は信用しない。やはり、行動である**
「自称経営者」とニュース番組のアナウンサーが話す …… 174
知らないとツッコミはできない …… 175
貴さんと『タワーリング・インフェルノ』の思い出 …… 176
言葉⑤ **形だけの「礼」は、礼をしないより悪い＝礼儀を尽くせ**
たとえ2時間睡眠でも、それを顔に出すのはプロじゃない …… 178
お礼は形だけであっても、したほうがよい …… 180
コラム⑧ 『論語』嫌いの福沢諭吉と『論語』好きの渋沢栄一 …… 181

言葉⑥ **ときには考えをやめて、すぐに行動に移さねばならない**
悩みながらも全出席の忘年会、新年会だったが…… 184
正論には正論の強みがある 186
言葉⑦ **格差がない社会は元気がない社会である**
「明治時代」、近代の始まりこその若さ 188
言葉⑧ **「慣れること」に慣れてはいけない**
変わらないでいるためには、常に変わり続ける 191
言葉⑨ **満足することは衰退の第一歩である**
完成しない「陽明門」のすごさ 193
コラム⑨ 戦争を嫌った渋沢栄一 195

第6章

ビビる大木セレクト

世の中を逞しくする言葉たち

言葉① 時代が変わり、新しい時代には新しい人材が必要だ

46歳、「お笑い中間管理職」の僕は、新しい人材ですよね？ …… 200

僕は若いヤツらが羨ましい！ …… 201

言葉② 米国人気質の長所、敢為の気質を大いに学ぼう

米国人が持つ実行力に、渋沢さんは注目した！ …… 203

「俺は謝る必要はないよ」の強烈さに、痛い僕 …… 205

言葉③ 忙しくても、二つのことを同時にやらない

現代は同時併行が当たり前の時代 …… 207

言葉④ 老人たちこそ学問せよ。精神を衰弱させないためだ

精神を大いに高揚させて、学びの喜びを知る！ …… 209

僕らは新しいものに翻弄されてきました！ …… 211

言葉⑤ **道義を忘れ、人間は物欲の奴隷になりやすい**
高額の逸品を購入する学び …… 212
「タレントが食べる前に、スタッフが食べろ」 …… 213
一流職人の、一流の粋 …… 215
コラム⑩ 「大震災」に対して渋沢栄一はどうしたか …… 216
言葉⑥ **人間は不平等である。しかし、天から見れば、人間は皆、同じである**
いろいろと不満はありますが、1日24時間は一緒です …… 219
孤独と孤立は違うもの …… 220
ワイフの言葉に救われた！ …… 221
言葉⑦ **経済に国境はない。だから、智恵と勉強で進むのだ**
見守るやさしさで十分です！ …… 223
なぜ、日本は沈没していくのか …… 225

言葉⑧ 人間には皆、その前に「道」がある。
完歩するだけの力もある

芸歴25年は通過点に過ぎない ……… 227

言葉⑨ 新しい事業とは、苦難の末に成功に至るものである

絶対教えねぇ、奪え！ ……… 230

水の流れのような一流の技は、教えられるものではない ……… 232

言葉⑩ 木を育てるには、道徳という根を固めよ

先輩芸人になってからの後輩芸人への教え ……… 234

日本的な縦ラインを崩していいのか？ ……… 236

コラム⑪ ドラッカーが尊敬した渋沢栄一 ……… 238

あとがき ……… 241

写真 大沢尚芳

BIBIRU OKI × SHIBUSAWA EIICHI

序章

幕末大好き人間が渋沢さんに出会う

ビビる大木が幕末を好きになったわけ

幕末好きの僕ですが、自宅に帰り、自分の部屋に入ると、本棚に置いた幕末の志士フィギュアが出迎えてくれます。高杉晋作、久坂玄瑞などの志士たちがしぶい表情で佇んでいます。西郷隆盛もいますし、幕臣の勝海舟もどっしりと立っています。黒船のペリー提督まで揃っています。10体ほどの幕末フィギュアです。

幕末の志士フィギュアはそんなに世の中に出ていませんし、僕はコレクターでもありません。特別貴重なものでもありません。なんせ東急ハンズで買いましたから。発売当時からそれほど貴重なしろものではなかったです。しかし、愛着はあります。出迎えてくれると、帰ってきたなとホッとします。

僕が幕末好きになったのは、２００３（平成15）年からでした。まだ、17年ほどです。ファンの中ではまだまだ新参者です。歴史好きの方は、お笑い芸人の方と似ていて、平均的に長寿な方が多いです。この道、40年、50年はざらにいます。

2002(平成14)年にコンビ「ビビる」が解散し、その翌年、30代になるかならないかの時期でした。きっかけは、2004(平成16)年の大河ドラマ「新撰組」です。三谷幸喜さんが脚本を書かれるということで、「三谷幸喜さんが書くのならば、僕でも1年間通して見られるかな」という気持ちが芽生えました。

しかし、いきなり大河ドラマを見てもわからないだろうと思い、それならば「1年前から少し下調べをしておこう」と思いました。それまでは、大河ドラマ、歴史ドラマ、時代劇など、あまり見たことがありませんでした。大河ドラマの前年から下調べをしているうちに、幕末の歴史にのめり込んでいきました。

僕は関心を持つと、ガーッと関連書籍を調べ、読書からスタートします。当時は、幕末関連の書籍を集中的に読みました。僕の場合は、司馬遼太郎の小説、『竜馬がゆく』などは読みませんでした。小説は小説です。出来事もデフォルメしていますし、架空の人物も出てきてしまうので、なるべく史実が書かれた書籍を読むようにしました。

史実を頭に入れたうえで、その史実に関連する史跡を見に行ってみました。京都に行き、幕末ゆかりの土地を歩いたりしたのが始まりでした。さらに、山口県や鹿児島県の記念館に行ったり、都内ですと勝海舟の墓を見に行くという「行動する学習」です。その場を実際に訪れては、「ここで生まれたんだ」「この地でこういう戦いがあったんだ」と、湧きあがる自分の気持ちを確かめることを大切にしていました。

三谷さんは西郷隆盛と近藤勇、土方歳三たちの「時代を変えよう」という心根はそんなに遠くはなかったという描き方でした。実は「新撰組」の大河ドラマに、僕は菜葉隊の小松という役で出演しました。ワンシーンだけでしたが、とても嬉しかったです。

吉田松陰先生の奇人さを知れば知るほどのめり込み

大河ドラマ「新撰組」の勉強をしていた頃に、僕にとって運命的な出会いとなったのが、「吉田松陰先生」でした。僕は歴史に関係なく、伊豆が好きでよく旅行に行っていました。伊豆の下田に旅行したとき、松陰先生が黒船に乗り込もうとした史跡というのがありました。

歴史の教科書には、ペリーが黒船の提督として登場しますが、その黒船に乗り込もうとした日本人がいたことを史跡から初めて知りました。それが、松陰先生でした。しかも、長州藩（現在の山口県）からわざわざ来た人だと知り、松陰先生に非常に関心を持ったのです。

「こんな行動力の塊のような若者が、当時いたのか。その発想力が半端ない、すげぇな」と思いました。しかも、時代は新撰組と同じ時代でした。松陰先生を知ることは、驚きの連続でした。もともと知っていた坂本龍馬や西郷隆盛に加えて、松陰先生が僕の頭の中に刻まれました。ドーンと心の中で響いた感じです。

松陰先生は単独で黒船に乗り込んで、「アメリカに連れていけ！」と軍人たちに直談判をしました。その事実を知ったとき、僕は「マジかよ！」と思いました。その半端ない行動力、突破力に驚いたからです。しかも、英語のできない松陰先生と、日本語のわからない黒船軍人は、どのようにして会話したのかが素朴な疑問でした。実際には、英語と日本語を話せる中国人を介しての会話だったようです。

結局、「君、ダメだよ。連れていけない」と、黒船軍人に言われて止められた松陰先生は、長州藩に戻ると牢獄に入ります。松陰先生のこの行いには、師である佐久間象山先生が関わっていました。

象山先生は、純粋で一本気な松陰先生を結果として誑《たぶら》かしました。松陰先生が通っていた五月塾が象山先生の塾でした。松陰先生の他に勝海舟、坂本龍馬なども通っていました。

象山先生は西洋技術について詳しく、「外国人を追っ払うのであれば、外国に行き、外国の知識、文明を吸収してからじゃなきゃダメだ」という考えでした。「確かにそうだよな」と僕も思いますが、だからといって、日本に黒船がやって来たときに、松陰先生に「『行って来い、吉田くん』と普通言いますか?」という気持ちはありました。

「行って来い」と言うけれど、「旅費は? 会話は? どうするの⁉」と僕などは、そんなことを心配してしまいます。しかし、松陰先生は「はい!」と言って、先の行動に出るのでした。「はい!」という発言に、その思いは伝わります。「しかしいくらなんでも、それはないはず」と現代人の僕は思いますが、それが志士たちの持つ時代の気分だったのでしょう。

「行け」と言われて、「どうしたらいいのだろうか」と考えた松陰先生は、「直接、黒船に乗り込み、直談判するしかない」と考えたとすれば、その胆略性にこそ、時代が変わろうとする息吹を感じるべきなのかもしれません。

松陰先生が教えてくれた「学び」の意味

大河ドラマ「花燃ゆ」（2015（平成27）年放映）では、吉田松陰先生が塾生たちに、「諸君、狂いたまえ」と言うセリフがありましたが、この言葉がよかったと僕は今も思っています。

さらに、松陰先生が、「学んだことを実行に移さないと意味がない」という教えを、塾生たちにずっと話していました。自ら実践してきたことであり、「頭に知識を入れるだけでは何の役にも立たない。それを実行して、初めて世の中のためになるんだ。だから学んだことを活かせ、全部活かせ」と言って、松陰先生は次第に激しい言動、思想になっていきました。

「諸君、狂いたまえ」はあの時代に必要な精神でした。松陰先生の教えをしっかり学んだ塾生ならば、「行動に移せ」という意味で通じますが、時代が変わって、令和の時代でも、僕たちはそのとおりだと思います。

松下村塾における松陰先生と塾生との関係も魅力的です。第一の弟子である高杉晋作は、「最近、先生の思想は行き過ぎているぞ。松陰先生と少し距離を取ろう」と判断することもありました。「先生、熱くなり過ぎてはダメですよ」と、軽く諫言することもあるわけです。

すると、松陰先生はまた怒るのでした、「なぜ、あいつらは何もしないんだ」と。松陰先生と塾生たちとの距離の取り方は知ると実におもしろく、魅力的です。実際に松下村塾を見に行ったとき、そんなことを思い出したのでした。

安政の大獄で、松陰先生も、今の東京は中央区にあった牢獄に入れられました。そのとき、高杉晋作などは、たまに差し入れに来るわけです。すると、松陰先生は「高杉くん、ちょっと悪いけれど、たまにお金も持って来てくれないか」というお願いをしていたそうです。塾生にお金を工面させる。それほど、松下村塾の塾長と塾生の密な関係は少し特別でした。

松陰先生ですら、こんなことをお願いするのです。これから触れることになる渋沢栄一さんからも、そういう人間臭さも味わいたいと思っています。

歴史的に何をした人かも知りたいですし、会社をたくさん創設したそうですが、同時併行でたくさんの愛人もいたようでした。新しい事業を次から次へと行いつつ、慈善事業もする。歳をとってからは民間外交もするけれども、子どもは30人以上いたという事実に、僕は嬉しくなり、「渋沢センパイ、ご苦労様です！」という気分になります。結局、そんな弱さとか脆さ、人間臭さは必ず持って偉人になっているものです、絶対にね。

僕は「ジョン万次郎資料館」名誉館長

松陰先生と並んで、僕が尊敬する偉人にジョン万次郎がいます。

ジョン万次郎こと中浜万次郎は、幕末の時代にいち早く「明治の時代」の様子を垣間見た数少ない日本人の一人でした。この時代において、もっとも変わった生き方をした人物と言えると思います。「ジョン万次郎」について書かれた書籍を読んでいくうちに、僕は幕末の志士たちとはまったく別のステージにいた人物という印象を持ちました。

ジョン万次郎は、1827(文政10)年1月に、土佐藩の貧しい漁師の家に生まれました。漁師だけで暮らしていけず、自分たちが食べる米や野菜は百姓をしながらつくっていました。次男坊だったので「万次郎」です。母と兄は病弱だったので、幼い頃に亡くなった父の代わりに万次郎は働きづめの毎日でした。貧しくて、仕事が忙しくて、寺子屋に通うこともできませんでした。

やがて母親の計らいで、漁師として働くようになりました。1841(天保12)年に14歳になった万次郎は、足摺岬沖で漁をする漁船の炊係として働いていました。乗組員5人が乗船していましたが、1月5日早朝、船が遭難してしまいます。漁の最中に、突風により船ごと吹き流されたのです。航行不能で5日半後、伊豆諸島の無人島の一つ、鳥島に漂着しました。この島で143日間、海藻などを食べて生き延びたと言います。

同年5月9日、運命の日が訪れました。アメリカの捕鯨船ジョン・ハウランド号が現れたのです。船長ウィリアム・ホイットフィールドが率いる捕鯨船で、万次郎他4人の漁師たちは、乗務員たちにより発見され、救助されました。万次郎たちは鎖国のため生まれ故郷へは帰れず、ジョン・ハウランド号に乗船し、そのままアメリカへ向かうことになりました。ハワイでは万次郎以外の4人が下船し、のちに帰国を果たしています。

ここまで読むだけでも、その後のジョン万次郎の人生はどうなるのだろうかとわくわくしませんか。「とんでもない日本人がいたぞ」と、僕は思いました。

万次郎はただ一人、アメリカ本土を目指しました。ジョン・ハウランド号は、捕鯨航海を終えて、マサチューセッツ州ニューベッドフォードに帰港しました。当時、この地は同国における捕鯨の一大拠点でした。船長のホイットフィールドは、万次郎の頭の良さを気に入り、帰途の最中に働いた報酬を払ったそうです。アメリカ人の乗務員からは、船名にちなんで、「ジョンマン」との愛称で呼ばれていました。

アメリカ本土に渡った万次郎は、ニューベッドフォードの隣町、船長のホイットフィールドの故郷・フェアヘーブンで、船長の養子のように一緒に暮らすことになりました。1843（天保14）年には、アメリカの小学校で、地元の小学生たちに交じって英語を学びました。

次に万次郎はスコンチカットネック・スクールに通い、さらに1844（弘化元）年にはバートレット・アカデミーで、英語、数学、測量、航海術、造船技術などを学びます。万次郎は寝る間を惜しんで、熱心に勉強し、なんと首席で卒業。万次郎は学びながら、民主主義、男女平等など、日本人にとって新しい価値観にも触れました。

学校を卒業後、桶屋で働いていた万次郎は、ジョン・ハウランド号の船員だったアイラ・デービスが船長の捕鯨船フランクリン号にスチュワード（炊事・雑事の仕事）として乗船する道を選び、1846（弘化3）年から捕鯨船員として生活します。

しかし、同年中に船長が精神の異常をきたしたためマニラで下船。その後、万次郎は船員たちの投票により副船長に選ばれました。1849（嘉永2）年9月、再びニューベッドフォードに戻り、ホイットフィールドとの再会を果たしました。ニューベッドフォードは、万次郎にとってのアメリカでの故郷の地になっていました。

そんな万次郎ですが、望郷の念は捨てがたく、帰国資金を得るため、ゴールドラッシュに沸くサンフランシスコへ渡ります。数カ月、金鉱で、金を採掘しました。そこで資金をつくるとホノルルに渡り、土佐の漁師仲間と再会後、1851（嘉永4）年に、薩摩藩に服属していた琉球に着きました。

薩摩藩の藩主であった島津斉彬は万次郎に興味を持ち、海外の情勢や文化について質問を繰り返したそうです。また、斉彬は、万次郎の英語力、造船知識に注目し、のちに薩摩藩の洋学校の英語講師として招いています。

ジョン万次郎の生まれ故郷である高知県土佐清水市にある「ジョン万次郎資料館」で、僕は名誉館長の任にあります。万次郎は幕末の時代に、「明治」を10年以上早く先取りした男でした。あの時代に、10年以上にわたり、西洋社会を見聞したのではなく、実際に暮らしたのです。

帰国後のジョン万次郎ですが、開成学校（現・東京大学）の英語教師としての人生を歩みました。後半生は病気になりがちでだいぶ苦労をしましたが、生き方として一貫しています。万次郎は、幕末途中で亡くなった志士たちとはまったく異なる人生を送ったのでした。

本書の主人公である渋沢栄一さんは、1年半の間フランスへ留学しただけで、帰国後、生き方が変わりました。あの時代に海外に行くということは、今の時代で言うと宇宙に行って来たような感じかと思います。

「お笑い中間管理職」は渋沢栄一から学ぶ!?

幕末好きの僕に、あるテレビ局のディレクターさんが、「来年の大河ドラマ『青天を衝け』の主人公・渋沢栄一を知ると、『お笑い中間管理職』としては役立つよ」と言われました。信頼しているディレクターさんなので、渋沢栄一の書籍を読んでみようかなと思いました。

僕が「お笑い中間管理職」と初めて言われたのは、今から16年前の２００４（平成16）年でした。古舘伊知郎さんから、「年齢的にも、大木くん、お笑い中間管理職だね」と言われたことが最初でした。言われたときには、一瞬、「エッ、僕が、『中間管理職』？　僕は若手でしょ」と思いましたが、確かにたくさんの後輩芸人がいました。

「古舘さんの言うとおりだ！」となったのです。

いずれの業界の中間管理職も、まず気になるのは数字です。お笑い芸人にとっての数字というと、視聴率でしょうか。この数字、僕などは「かなり怖い数字かな」という気がします。ＭＣクラスの人になると当然、視聴率との闘いです。

ゲストの僕たちにとっては、たまに呼んでもらう立場として、「彼を呼ぶと数字がちょっと上がるよね」という噂が出たりします。するとゲストとして呼ばれる回数が増えたりします。それで、僕たちは、その番組をターゲットに合わせて、呼ばれたところで刀を振り回して帰って来るという感じです。

「お笑い中間管理職」と言いましても、僕の場合、会社勤めの中間管理職の方とは異なり、その働き方は日雇いと変わりません。不安定な雇用形態です。「今日はよかったから、また呼ぶかもよ」みたいな、本当にそんな感じです。当然、1回しか呼んでもらえないこともいっぱいあります。毎日、葛藤だらけです。

日によっては、「せっかく呼んでもらったのに何もできなかった」「全然ウケなかった、誰も笑わせられなかった」ということも何百回とあります。帰り道、「今日はダメだ、負けだ」と思いながら歩く日もあります。テレビ局から出るのに、コソコソ帰りたいぐらい恥ずかしい日があるのです。

夜遅かったりすると、テレビ局からタクシーチケットが出るのですが、「今日の出来はさすがによくなかったな」と思ったときには、「タクシーチケット、いいですよ」と断ります。そういうときは、「自分で歩いて電車で帰ろう」と思います。

もう一人の僕が、「大したこともしてないのに、タクシーで帰るとは何事だ!」と、攻めたてます。そこは、自分との闘いですね。

相手の好意に甘えていたら、本当にダメになってしまう気がします。それが、芸人としての、僕の矜持のようなものです。僕は甘え過ぎないようにしようと思っています。

幕末・明治・大正、そして昭和と、太く長く生きぬいた91歳の人生

渋沢栄一さんは「偶然というご縁」を大切にしました。「良い運は良い人とのご縁から生じる」が彼の信念でした。

渋沢さんは、江戸時代末期の1840（天保11）年に、現在の埼玉県深谷市に生まれました。生家は畑作や養蚕、藍問屋業などを手掛けていた農商家でした。幼い頃から勉強好きで、7歳で『論語』を読んだそうです。

渋沢さんの人生を野太いものにしたのは、一つは農民として生まれたこと。もう一つはかなり恵まれた教育環境でした。渋沢さんの中で、当時の世の中の矛盾に「なぜ?」と強烈な疑問が育まれた理由は、そこにありました。

ただ、渋沢さんは勉強ばかりしていたわけではありません。剣道で心身を鍛え、14歳の頃にはすでに藍葉商として大人顔負けの目利きになっていました。世の中を知る中で、彼の疑問や不満は、次第に怒りへと変わっていきます。

渋沢さんの人生を俯瞰すると、僕には彼が強運の持ち主に見えます。彼は激動の時代にあって改革を進めながら、実に91歳という長い生涯を得たからです。渋沢さんは、「引く」「退く」ことの大切さを知っていたように思います。

「押し」過ぎは自滅のもと。後に触れますが、高崎城を乗っ取り、横浜の外国人居留地の焼き討ち計画を立てましたが、結局、実行しませんでした。彼は直前に、「引いた」のでした。

強運と「退く」ことの大切さを知っていた渋沢さんは明治維新後、明治新政府の官僚になりますが、ほどなく辞して、日本経済の隆盛のために次々と会社を興し、500におよぶ会社の創設に関わります。

それから40年が過ぎ、1909（明治42）年、69歳になった渋沢さんは、多くの企業や団体の役員を辞任します。辞任はしますが、その活動が衰えることはありませんでした。世界情勢の動向を気にかけ、特に民間外交では老骨に鞭を打って働きました。

すでに1902（明治35）年、渋沢さんは初の民間経済視察団の団長として渡米し、ルーズベルト大統領と会見していました。その後、1909（明治42）年にタフト大統領、1915（大正4）年にウイルソン大統領、1921（大正10）年にハーディング大統領に会見しています。当時のアメリカのメディアでは、「日本のGrand Old Man（長老）」と呼ばれ、親しまれていました。

第一次世界大戦後、アメリカで日本移民排斥運動などが起こり、日米関係が悪化していることに渋沢さんは危機感を覚えます。1927（昭和2）年には日本国際児童親善会を設立し、日本の人形とアメリカの青い目の人形の交換をするなどの親善活動を行い、民間外交の草の根運動にも尽くしました。

欧米とだけでなく、渋沢さんはアジアとの民間外交にも力を入れました。1903（明治36）年、彼は生涯の友・大隈重信とともに、インドとの友好促進のため、日印協会を創設しています。1914（大正3）年には日中の経済界の提携を目指して、中国を訪問しました。「アジアとの協調なくして日本の繁栄はない」という大きな流れを見通していたのです。

長く豊かな人生を送った渋沢さんが永眠したのは、1931（昭和6）年、91歳のときでした。

渋沢さんは、事業家の顔だけではなく、社会活動家の顔、民間外交を推進する顔など複数の顔をお持ちでした。その姿は、ある意味で、映画監督の顔、ニュース番組コメンテーターの顔を持つビートたけしさんや、サブカルの顔、教養を語る顔を持つタモリさんを見ているようです。

幕末好きな僕にとって、幕末の志士たち、あるいは吉田松陰先生、ジョン万次郎さんを知ることで幅が出てきたように、渋沢さんに関心を持つことで、「50代、60代、70代になっても、この仕事を続けていくためのヒントをもらえた」と思うようになりました。

ジョン万次郎さんや渋沢栄一さんを知ることで、歴史には二つのタイプの人間が存在することを痛感しました。それは、幕末の志士たちのように、切った張ったの命のやり取りをしながら歴史を前に進める人間、「刹那に生きる人間」というのでしょうか。そういう人間と、そうした男臭い、生臭い生き様はありませんが、着実に明日を構築することができる人間、「明日を創造する人間」です。

この両者の交差点によって歴史は動いていくと、僕は実感しています。

コラム①

渋沢栄一が愛した飛鳥山の邸宅

渋沢栄一が晩年を過ごしたのが、都内の王子にある飛鳥山邸でした。「曖依村荘《あいいそんそう》」と名付けられ、1878（明治11）年に建設したこの大邸宅は、実は別荘として建てられたものでした。もともとは深川福住町（江東区）に邸宅を構えていたのですが、この地を気に入った渋沢栄一は1901（明治34）年に移り住み、以来30年あまりをこの地で過ごしたのです。

当時の飛鳥山からは、自ら設立に尽力した王子製紙（当時は抄紙会社）の工場を眼下に見守ることができました。8470坪という敷地内には、日本館・西洋館をつなぎ合わせた母屋を中心に、茶室などいくつかの建物が庭内に点在していました。家族と過ごすための私邸ではありましたが、国内外からの賓客をもてなす「公の場」としての役割も果たしていました。

多くの建物は第二次世界大戦の空襲により焼失してしまったのですが、現在も見学することができる当時の建物が二つあります。洋風茶室「晩香廬《ばんこうろ》」と個人の書庫として建てられた「青淵《せいえん》文庫」です。どちらも国の重要文化財に指定されています。

「晩香盧」は、1917（大正6）年に、渋沢栄一の77歳の喜寿のお祝いに贈呈されたものです。清水組（現・清水建設）が渋沢栄一に感謝の意を表すために贈ったのですが、渋沢栄一は清水組の草創期に相談役を務めていたという縁があったのです。

洋風な外観の平屋の建物は丈夫な栗材でつくられており、室内の机や長椅子といった家具も建物にあわせて製作されたそうですから、その力の入れ具合が伝わります。

1925（大正14）年に竣工した「青淵文庫」は、渋沢栄一の80歳の傘寿のお祝いと、男爵から子爵に昇格したお祝いを兼ねて、渋沢栄一の弟子たちが集う竜門社（現在の公益財団法人渋沢栄一記念財団）が寄贈したものです。

レンガと鉄筋コンクリートの2階建てで、1階の閲覧室では色鮮やかなタイルやステンドグラスが客人を出迎え、2階には『論語』などの資料や書籍が収められました。関東大震災の教訓から、資料を火災から守るための防火扉も設置されている徹底ぶりです。当初収蔵されていた書籍は、現在、東京都立中央図書館に所蔵されています。

渋沢家の家紋「丸に違い柏」をモチーフに、柏の葉がデザインされたステンドグラスには、お祝いのための「寿」の文字も見受けられます。大正時代の建物から当時の風を感じるとともに、渋沢栄一がいかに多くの人から愛されていたかを改めて知ることができる場所です。

第1章

ビビる大木風
渋沢栄一小伝

「渋沢栄一」ってどんな人？

序章の最後で、「渋沢栄一」に触れました。「享年91歳」と、とにかく長生きされた方でした。読者のみなさんは、渋沢さんがどんな人か、答えられますか？

「お札に肖像が描かれることになった人」

「『論語と算盤』を書いた人」

「たくさんの会社をつくった人」

少なくとも、この三つの答えのうち、一つでも答えられたら、十分ではないでしょうか。実は僕も、つい2カ月ほど前までは、「名前は聞いたことがある、でも何をした人なのか、詳しいことはわからない」という状態でした。

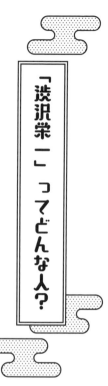

それでは、次に挙げる会社は、みなさんよくご存じではないですか？

みずほ銀行、三菱ＵＦＪ銀行、りそな銀行、東京電力、東京ガス、帝国ホテル、東宝、サッポロビール、東洋紡、王子製紙、清水建設、川崎重工業、太平洋セメント、いすゞ自

動車、東京海上日動、朝日生命、第一三共……。

日頃お世話になっている会社がたくさんありますが、実はこれらの会社はすべて、渋沢さんが創業に関わったとされている会社なんです。その中で、特に有名な会社を挙げましたが、彼が創業に関わったとされる会社の数は500社以上あります。何度聞いても驚きの数字ですね！

そのうち、令和の時代の今も186社ほどが現存しているそうです。それだけでも十分に、渋沢さんの偉大さが伝わってきます。

他に、財界面では、東京商工会議所や東京証券取引所の創立に関わり、教育面では一橋大学、東京女学館、日本女子大学、早稲田大学、二松學舎大学などたくさんの大学に関わっています。また、聖路加国際病院や東京慈恵会医科大学付属病院、日本赤十字社といった医療・福祉関係への支援など、社会貢献活動も積極的に行っていたそうです。

日本の近代社会のさまざまな分野において大きな影響を与えてきた渋沢さん。彼がどんなふうに偉業を成し遂げるまでになったのか、本章では幼少期からさかのぼってみたいと思います。

渋沢さん、今で言えば地方の老舗企業のお坊ちゃん

渋沢栄一は、１８４０（天保11）年2月13日に、現在の埼玉県深谷市血洗島に生まれました。ちょうど江戸時代末期、第12代将軍・徳川家慶の時代でした。

会社を数多く立ち上げた渋沢さんは、「お金持ちのお坊ちゃんなのでは？」と思っていた僕ですが、やはりそうでした。実際は農家で生まれた「お坊ちゃん」でした。

ただ田畑を耕すだけの農家ではありません。麦作や養蚕とともに、藍問屋業も手掛けていたそうです。こうした農民は、「在郷商人」とも言われています。今で言えば、地方の老舗企業のお坊ちゃんでしょうか。この在郷商人の中から、土佐の坂本龍馬も生まれています。

藍問屋業というのは、藍玉《あいだま》の製造販売のことです。藍の葉を仕入れ、それを原材料とした染料の一種をつくります。この藍玉を、上州や信州の染物店に販売して暮らしていました。渋沢家は、商売の才覚が求められる仕事をしていたのです。

渋沢さんは父・渋沢市郎右衛門とともに藍葉を買いに行ったり、藍玉を売りに行ったりしていました。14歳になると、一人で藍葉の買い付けに行けるほどになりました。父親の買い付けの様子を覚えて、年上の農家たちを相手に、「肥料が足りない」「乾燥が十分でない」などと言って藍葉の鑑定を厳しく行っていたそうです。

また、渋沢さんは年功序列といった従来の慣習にはこだわらず、良い藍葉をつくる農家を評価していたと言います。出来栄えを農家同士が競うことで藍葉全体の質が上がり、藍玉もより品質の良いものをつくることができるからです。こうした経験が、若くして渋沢さんの中に商売の基礎を植え付けることになったようです。

教養のあった父親の影響を受けた渋沢さんは、幼い頃から勉強好きで、7歳で『論語』を読んでいたと言われています。さらに、10歳ほど年上で漢学者の従兄・尾高惇忠《おだかあつただ》のもとへ学問を学びに行っていました。漢文を覚え、『論語』をはじめ中国の代表的古典である四書五経を学んだそうです。

このように、きちんとした教育を受けられる環境が渋沢さんの周りには整っていたのです。ちなみに、尾高惇忠が住んでいた深谷市下手計は、渋沢さんの住む血洗島から約1キロほどでした。この道は、渋谷さんが論語を習いに何度も往復した道ということで、今では「論語の道」と呼ばれ、その地域一帯を「論語の里」と呼んでいるそうです。「論語の里」を中心に、渋谷栄一ゆかりの地を巡るツアーも組まれています。

幕府への不満から倒幕を志す

学びを深め、世の中を知るうちに、渋沢さんは「自分は国のために何ができるのか?」と考えるようになりました。同時に、当時の世の中の制度への疑問を抱きます。武士の家に生まれなかった渋沢さんは、「なぜ武士の家に生まれただけで社会を支配できるのか?」と疑問を持つようになりました。

その思いを強く抱くきっかけとなった出来事があったそうです。体調の悪い父親の代理として、地元の岡部藩の陣屋に行ったときのことです。実は岡部藩から渋沢家に、500両もの御用金を出すように命じられていたのです。

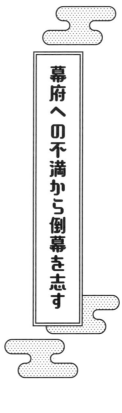

当時17歳だった渋沢さんは、そのときの代官の、人を見下すような偉そうな態度に腹を立てました。御用金は地元藩主のお姫様が嫁ぐために必要なもので、そのお金を渋沢家で肩代わりして出すようにということだったのです。

自分たちが一生懸命働いて得たお金です。幼い頃から藍問屋業の仕事も手伝ってきていたので、お金を稼ぐことの大変さは身をもって体験していました。その大切なお金を、ただ立場が上だからという理由で、何もしていない代官が奪おうとしたのです。渋沢さんが許せない気持ちを強く持つようになるのもわかります。

こうした気持ちから、理不尽な幕藩体制に不満を抱くようになりました。「理不尽」に対する怒りは、渋沢さんが生涯にわたって貫く感情とも言えました。

1858（安政5）年、18歳になった渋沢さんは、尾高惇忠の妹・尾高千代と結婚。その数年後より、深谷から江戸に出て儒学者の海保漁村《かいほぎょそん》の門下生となり、さらなる勉学に励みます。新たな知識を得るほどに、幕藩体制への疑問は増していきました。

同時期には、北辰一刀流の道場へ入門し、剣術修行にも打ち込みます。そのときに、同じ道場に通う勤王志士らとも親しくなったようです。こうして20代前半の渋沢さんは、幕府に対する不満を募らせ尊王攘夷思想に目覚めていきました。

1863（文久3）年、尾高惇忠、その弟の尾高長七郎、従兄の渋沢喜作《きさく》ら69人の同志とともに、23歳の渋沢さんは倒幕を企てます。それは群馬県の高崎城を乗っ取って武器を奪い、軍備を整えたのちに、横浜の外国人居留地を焼き討ちし、長州と手を結んで幕府を倒すというものでした。幕藩体制を覆すような騒動を引き起こすことで、国を変えようと志したのです。

倒幕を考えていた渋沢さんには驚くばかりです。そんな激しい一面があったとは、よく見る本人の写真の表情からは想像できません。幕末という不安定な社会情勢も相まって、坂本龍馬や西郷隆盛と同じように、渋沢青年も国を変えたいという志を持ったのではないかと僕は思います。

お坊ちゃんは七変化。志士から武士、幕臣に

しかし、倒幕計画は実行されませんでした。尾高長七郎が、実行に待ったをかけたと言うのです。尾高長七郎は、京都で見聞きしてきた「天誅組の変」が失敗に終わった顛末を伝え、挙兵すべきではないと仲間を説得し始めました。

渋沢さんはすぐには納得できず、「自分たちは倒幕のための捨て石になってもいい」と、実行へ向けて突っ走ろうとしましたが、最後は自分の考えの甘さを認め、挙兵中止を決断しました。中止を決めると、渋沢さんは渋沢喜作とともに京都を目指しました。自分の目で、京都の現状を確かめに行きたかったのです。

ただし、倒幕を計画するような危険人物にまでなっていた渋沢さんです。謀反人として幕府に捕まる可能性もありました。それを避けるために、まずは親族に迷惑がかからないようにと、渋沢家とは縁を切ったことを装ったそうです。父親に勘当されたということにしました。

実際、父親には倒幕を企てる前に、「国事に奔走するために、家業の農家は継がない」と伝えていました。最初は大反対されましたが、議論の末に父親が折れて、自由に生きることを認めてくれました。

京都へ向かう際、渋沢さんは平岡円四郎という人物を頼りにしたとされています。のちに第15代将軍になる一橋慶喜の家臣でした。一橋家は、将軍家・徳川氏の一族から分立した大名家で、徳川御三卿の一つです。平岡円四郎は今で言う勉強会のような会合を開いていて、渋沢さんもその会合に参加していたため縁があったということです。

江戸時代には移動の自由がなく、人の往来を監視する関所を通らなければなりません。そこで関所を突破するために、渋沢さんと渋沢喜作は「平岡円四郎家来」という手形を用意してもらったそうです。この手形のおかげで、無事京都へ行くことができました。

京都に赴任していた平岡円四郎は、渋沢さんに一橋慶喜の家来になることを提案します。手形を用意して助けてもらった恩がありました。それに、「八月十八日の政変」直後でもあったため、京都で尊王攘夷志士としての活動を行うのは難しくなっていました。

すでに目を付けられていた渋沢さんが、幕府の手から逃れて生き延びるためには、この提案を受け入れて一橋家に仕えるしか選択肢がありませんでした。こうして渋沢さんは、少し前まで倒すべき相手だと思っていた徳川家のために、働くことになりました。
まさか倒幕まで計画した渋沢さんが、徳川家に仕えることになるとは……。青天の霹靂《へきれき》とはこういうことを言うのだと思います。

フランスの地で人生初の金融投資

平岡円四郎に推挙され、渋沢さんは一橋家の家臣となりました。このときに、渋沢さんらしいエピソードが残されているそうです。

仕官することになった渋沢さんでしたが、ただ黙ってすんなりと家臣になったわけではありません。一橋慶喜に初めて直接謁見したとき、自分の考えた意見書を読み上げたと言います。

その主な内容は、「役に立つ人材を大勢採用するべきだ」というものでした。どうしても何か一言、言わずにはいられなかったのでしょう。一橋慶喜は何もコメントしなかったそうです。

一橋家に仕えることになった渋沢さんが最初に行ったのは、農兵の募集でした。「一橋家歩兵取立御用掛」を命ぜられ、関東の一橋家領内を巡回した際に50人ほどを集めたそうです。意見書どおりに、人を集めることを有言実行して見せたのです。さらに、領内貿易の合理化を進め、藩札の流通化を図るなど、さまざまに活躍します。

1866（慶応2）年、一橋慶喜は第15代将軍となりました。最後の征夷大将軍・徳川慶喜が誕生した瞬間でもありました。それに伴い、渋沢さんは幕臣になりました。

翌1867（慶応3）年、パリで万国博覧会が開催されることになり、27歳の渋沢さんも随行員としてフランスへと旅立ちます。29人の使節団の一員に選ばれたのです。これはパリ万国博覧会への出席だけに留まらず、徳川慶喜の異母弟・徳川昭武《あきたけ》の長期留学も兼ねたもので、ヨーロッパ各国の視察も行われました。

先進的な産業や軍備、何より近代的な社会を見た渋沢さんは、非常に感銘を受けたと言います。特に、各国への移動で使った鉄道の便利さに感動し、日本にも鉄道交通が必要だと強く感じたそうです。

食卓に並ぶ日用品、ガス燈、電線、上下水道、病院などの社会的インフラ。そして工場、会社、取引所、銀行など、労働と資本を融合させ、富を生産する資本主義のシステム。渋沢さんはあらゆることに驚き続け、乾いたスポンジのように知識を次々と吸収していきました。

ヨーロッパでは、鉄道や紡績、鉄の生産など、多額の資本を必要とするさまざまな事業が民間で運営されていました。これらの事業は、合本組織（株式会社）として社会から広く資金を募って運営し、その背後にはバンクという金融システムがあったのです。こうした当時最先端の経済の仕組みを、渋沢さんはヨーロッパの地で知りました。

パリ万博とヨーロッパ視察を終えると、フランスでの徳川昭武の留学生活が始まりました。渋沢さんは資金勘定担当だったこともあり、留学費用を捻出するために、現地の世話人から勧められたフランスの政府公債と鉄道株を買い付けることを決めます。銀行に預けるよりも、公債や株を買ったほうが儲かると言われたのです。

これが、渋沢さん、人生で初めての投資でした。

ところが、フランス滞在から1年半後、徳川慶喜が大政奉還を行ったため、新政府から帰国するように命ぜられました。そこで買っていた公債と鉄道株を売ったところ、儲けが出たそうです。このことを、渋沢さんはおもしろいと感じたと言われています。

渋沢さんの当時の貴重なフランス滞在の体験が、のちの日本の金融制度や株式会社制度の根幹になったことは間違いありません。

大隈重信に説得され維新政府の官僚になるが……

1868（明治元）年、渋沢さんは日本に戻ってきました。フランスの地にいる間に、約270年にわたって続いた徳川幕府の時代は終わり、「明治」という新しい時代が幕を開けていました。

帰国するとすぐに、静岡県に謹慎していた主である徳川慶喜に面会し、渋沢さんはそのまま静岡に留まることを決めます。フランスで学んできた株式会社制度を実践して、静岡県の財政を助けることにしたのです。

渋沢さんが静岡で「商法会所」を設立したのは、翌1869（明治2）年1月のことでした。明治新政府が静岡藩に貸し付けた資金を資本金とした合本組織（株式会社）で、貸付や卸業を行うなど、事業をスタートさせました。

ちょうどその頃、新撰組の元副長の土方歳三は、箱館の「五稜郭の戦い」で、最後の戦をしようとしていました。同じ日本の中で、過去にこだわり戦う者たちと、新しい時代を見据えて闘う者たち。この両者の相克は、僕を哀愁に満ちた世界に誘います。

さて、話を元に戻すと、この事業が軌道に乗ってきた10月、渋沢さんは明治新政府から民部省（のちの大蔵省、現在の財務省）に入省するよう要請されます。フランスでの海外経験と、資金勘定の腕を評価されての抜擢でした。

当初は徳川慶喜への忠義もあり、事業もこれからというときだったので、渋沢さんは新政府で働くことに難色を示したそうです。それを説得したのが大蔵大輔（現在の財務大臣）だった大隈重信でした。「君は国家のために尽くすべきだ」と説かれた渋沢さんは、「それならば」と新政府で働くことを決意します。

民部省では、租税正と改正掛長を兼務することになりました。改革の企画立案を行い、度量衡の制定、租税改革、国立銀行条例制定、貨幣制度や金融制度の整備、鉄道敷設、さらには富岡製糸場設置主任として製糸場設立にも関わるなど、幅広い仕事に携わりました。

しかし、大蔵卿となった大久保利通は、富国強兵を推し進めるために、軍事費の歳出を強く求めるようになりました。それに納得がいかなかった渋沢さんと上司の井上馨は、大久保利通と対立を深めていきます。

結局、渋沢さんは井上馨とともに、新政府を去る決断をします。1873（明治6）年、自ら官職を辞し、民間に転じることにしたのです。

渋沢さん、33歳の一大決心でした。

せっかく新政府の官僚として評価される活躍をしていたのに、あっさり辞めてしまうなんて、僕には少しもったいない気がしてしまいます。当時も、名誉な官職を自ら捨てるというのは、前代未聞だったようです。

でも、渋沢さんには曲げられない信念がありました。もっと社会に役立つために民間で仕事をしようと思ったのだと想像できます。

日本初の銀行、第一国立銀行を設立する

渋沢さんは退官すると間もなくして、第一国立銀行を設立し、総監役に就任します。この第一国立銀行が、現在のみずほ銀行です。

大蔵省で働いていたときから、渋沢さんは日本にも海外にあるような銀行が必要だと考えていました。そこで、政府の立場として国立銀行条例の制定を行ったわけです。一民間人となった今、渋沢さんはこの条例をもとに、自ら銀行をつくろうと考えます。

同じ時期に銀行をつくろうと考えていた組織があります。それがのちの三井財閥と言われる豪商の三井組です。三井組は江戸時代から為替業務を行っていたので、その経験を活かして三井組だけで銀行を設立しようと思っていたのです。

渋沢さんは、国家繁栄のためには三井組だけの利益ではいけないと考えました。そこで、三井組と、同じく豪商の小野組で4割ずつ、残る2割を他の資本家たちに出資してもらう形で、合本組織として第一国立銀行を設立することにしたのです。

資本金は合計２４４万円、このうち三井組と小野組が１００万円ずつ出資し、渋沢さんが４万円、残りの40万円を一般から募集した出資者たちに出してもらいました。ただ、ライバル関係だった三井組と小野組は、どちらが主導権を握るかで争い、最終的に渋沢さんが総監役に就任することで対立が収まることになりました。

こうして日本初の銀行が生まれます。渋沢さんはまだ33歳でした。同じ年齢の頃の自分を思うと、本当にすごいことをしているなと改めて思います。渋沢さんも国自体も若く、明治初期の熱気をひしひしと感じます。

ちなみに、銀行名に「国立」と付いていますが、これは国の条例によって成立した銀行という意味で、説明したとおり、第一国立銀行は国ではなく、民間による資本によってつくられています。

渋沢さんはなぜ、500社も創業できたのか

明治から大正にかけて活躍した実業家である渋沢さんは、その生涯において500社を数える企業の設立や運営などに関わったと言われています。まさに、「日本資本主義の父」と言えます。

それでは、なぜ、渋沢さんは500社も創業することができたのでしょうか。僕はいろいろと関連書籍を読みながら、その理由を自分なりに探しました。そこで得た結論は、「渋沢さんは独り占めしない。独占しない」というのが、理由ではないかと思いました。

渋沢さんが活躍した時代は、その一方で、僕でも名前は聞いたことがある「三菱」や「三井」といった「財閥」が急速に成長してきた時期でもありました。

三菱を創業した岩崎弥太郎と渋沢さんには、手腕に大きな違いがありました。財閥系の実業家たちはほとんど会社の株式を公開せず、財閥という閉じられたネットワークの中で株を持ち合っていました。

そして、実際の経営は、「専門経営者」たちに任せて、一族の一人が経営のトップに君臨するという、とても閉鎖的な経営をしていました。

一方、渋沢さんはどのようにしていたかというと、関わった企業は多くが株式会社の形態を取り、少額でも広く民間から出資を募り、大きな会社をつくっていきました。そして、これらの企業を渋沢一族で固めず、自分のカラーを濃くしませんでした。一貫して開放的な経営を続けていたのです。

生涯500社もの企業に関わることができたのは、自分が経営の主導権をすべて握ろうとしなかったからでした。渋沢さんは、経営の指揮を信頼できる人間にどんどん任せていきました。たとえば、浅野セメント（現・太平洋セメント）の経営で知られる浅野総一郎もまた、その一人です。こうしたビジネスパートナーたちが、渋沢さんの多忙な活動を支えていたのでした。

ですから、渋沢さんには、優秀で有能な人材がどんどん必要になってきますし、そんな人間たちがどんどん集まってくるのでした。しかも、自分のカラーを強く出さず、開放的な経営が可能となるための人的ネットワークをつくって広げていったのです。こうした人的ネットワークをつくれたのも、渋沢さんのすごさの一つだと思います。

また、渋沢さんは公益の追求者でした。「日本全体を良くしたい」という公益を達成するために、次々と企業の創業に関わったのです。現在のように経済成長が頭打ちとなる状況では、自社の利益だけを見ている経営者ばかりです。しかし、渋沢さんは、むしろ他の企業と協力して、日本の経済そのものを良くしていきたいという発想でした。

渋沢さんは時間の余裕ができると地方に出向き、さまざまな企業の設立に携わっています。各地の鉄道会社を支援し、立ち上げに関わり、その他にも港湾、ガス、電気といったインフラに関連する企業にも多く関わりました。こうした渋沢さんの姿勢は、公益の追求そのものだと思います。

明治から大正にかけての時期は、閉鎖的な経営で力を蓄えていった財閥も、一方で渋沢さんに代表される非財閥の開かれた経営をするグループも、ともに発展しました。そういう意味で、渋沢さんは、名プロデューサーだったと言えるでしょう。

『バック・トゥ・ザ・フューチャー』というアメリカ映画がありますが、みなさん勝手にスピルバーグが監督だとイメージしていると思います。しかし、スピルバーグは製作総指揮というプロデューサーでした。渋沢さんもそうだろうと思います。そう考えると、適材適所を見抜く力を持っていた渋沢さん、相手の力量を見抜く力、眼力があったということです。

本業と社会事業における「ちょっといい話」

渋沢さんには、「人を見捨てない」という姿勢が一貫してありました。実際に渋沢さんの生き様を追ってみますと、「どうして、そこまで」と言いたくなる渋沢さんの姿に出会います。

渋沢さんが助けた相手や組織は、数があまりに多過ぎて挙げるのが難しいほどですが、まず事業におけるかつての敵を助けた例を一つ、紹介します。

渋沢さんが王子製紙の代表取締役社長を務めていた頃の話です。同社に出資していた三井から、藤山雷太という人物が経営の監視役として派遣されてきました。

三井はこれまで渋沢さんに経営の裁量をある程度任せていましたが、この頃になると三井が渋沢さんに代わって経営の主導権を握ろうと考えていたのです。

そこで、藤山は三井側の意向を受けて、渋沢さんに対し、「組織の刷新を図りたいので、王子製紙の社長を辞めてくれないか」と告げました。藤山は、「栄一は王子を生涯の居場所と考えていたこともあり、すこぶる機嫌が悪くなりましたが、言われたとおりに王子製紙を去りました」と、三井に報告を入れています。

渋沢さんはこのとき、「なるほど、自分が社長を務めていると、組織がなあなあで緊張感のないものになりがちになる。藤山に言われたとおりに、王子製紙を去ろう」と判断したのでした。藤山の言葉に、内心、心は乱れましたが、決して間違ったことを言っているのではないと思ったのでした。

そんな藤山も、その後、三井との不和から王子製紙を去り、不遇な身の上になっていました。一方、渋沢さんは疑獄事件の渦中にあり、社長・酒匂常明が拳銃自殺をした日本精糖（現・大日本明治製糖）を再建するにあたり、その重役を探していました。そこで渋沢さんが白羽の矢を立てたのが藤山雷太でした。藤山は渋沢さんの依頼を受諾し、すべての持てる力を発揮して会社の立て直しに成功しました。

次は、社会事業における渋沢さんの姿勢です。「東京養育院」が舞台になります。渋沢さんは国や自治体と対立しても、この組織を見捨てませんでした。

この組織は、生活困窮者を支援する組織で、渋沢さんは「東京養育院」の院長就任を依頼されました。「養育院に関わることは実業家としてどうなのだろう」と不安視しながらも、「それが社会のためになる」という理由で依頼を引き受けました。

引き受けた渋沢さんは本業のかたわらで、熱心に運営を行いました。しかし、資金を提供した東京市（現在の東京都）議会で、「公金を使って困窮者を助けるのは、いたずらに怠け者を増やすだけ」として経営廃止論が採択されました。この採択は現代から見ると、間違った採択でした。

渋沢さんはそれでも、「必要なことは、たとえ公的支援がなくてもやり遂げる」と決意し、巧みな手腕で寄付金を集めていきました。こうして社会の支持を得た養育院は、のちに東京市へと返還され、公共事業の成功例になるのでした。

渋沢さんは生涯院長の職を務め続けます。実に46年、年数では第一国立銀行頭取よりも長く務めました。どれほど忙しくても月に1回は養育院を訪れたと言います。

渋沢さんの社会貢献からは、本業と同じくらい熱心に本気になっている様子が伝わってきます。ここまでして世のため、人のために尽くしたのです。その根源にあったのは、渋沢さんの「資産と道徳はどちらが欠けてもダメだ」という「道徳経済合一説」でした。

たとえば、お金を稼ぐのに道徳的な心得がないと、社会のためにならない稼ぎ方になってしまいます。まさに「ウィズコロナ」の時代に痛いほど実感できる考え方で、「マスクの高額転売」「新型コロナウイルス対策をうたった医学的エビデンスのない医療品」「社会不安につけこんだ情報商材の押し売り」などです。

約600の社会事業に携わったと言われる渋沢さんは、「日本赤十字社」の設立などにも関わりました。社会事業は、実業界を退いた後も、亡くなる前まで尽力しました。数多くの社会貢献をしてきた渋沢さんは、社会事業、慈善活動も、持続性のあるものを計画的にやらなければいけないという方針でした。だからこそ、「そろばん勘定が必要だ」と考えていたようです。

享年91歳、生きぬいて30人以上のわが子を得た

渋沢さんは1931（昭和6）年に、幕末・明治・大正・昭和と生きぬき、91歳の大往生を遂げました。堂々たる人生ではないでしょうか。

しかし、大正時代に入るあたりから、当時の若い実業家からはこんなふうに言われることもあったようです。それは、「渋沢爺さん、そろそろ完全引退したらいいんじゃないかい。いまだに、財界で何かしようとすると渋沢爺さんが、政界では山県爺さんがしゃしゃり出てくる。何とかならんのかな。老害だね」という陰口でした。

その代表例が、福沢諭吉の娘婿・福沢桃介でした。「渋沢さんは自分の息のかかった若手ばかり、会社に送り込んで、やっていられないよ」という愚痴めいた記事がありました。『週刊ダイヤモンド』創刊号での記事でした。どんなに功績のある人物も、若者からすると否定の対象でしかないという構図は、いつの時代も一緒かなと思います。

さて、1931（昭和6）年、渋沢さんは直腸ガンをわずらい、手術のかいなく危篤の状態に陥りました。最期を看取った当主・渋沢敬三は、渋沢さんの孫にあたる人物でした。彼はその後、日銀総裁や大蔵大臣などの要職を務めるとともに、自らが民俗学者として活躍します。宮本常一をはじめ、多くの学者に援助を惜しまなかったと言われています。

手術から1カ月以上臥って、丸3日も高熱が続いたそうですが、渋沢さん本人には悲壮な様子は微塵もなかったと敬三は書き遺しています。むしろ、「やっとだ。いよいよだ。これでやっと死ねる」と、渋沢さんはむしろ危篤を味わっているかのような様子だったと言います。

渋沢さんは妻・千代との子を3人、後妻・兼子との子を4人もうけています。また、愛妾たちも数多く持ち、その子どもたちは30人以上と、さすが株式会社を500以上創業させた手腕と同じで、僕はもう感嘆せざるを得ません。

渋沢さんの死後、日本は激動の時代に入りますが、もし渋沢さんが生きていたら何をしていたのか。そういったことも知りたくなりました。もしかすれば、今とは違う時代になっていたかもしれませんね。

コラム②

渋沢栄一とフランスとの縁

渋沢栄一が幼少期から『論語』を読み、学問を学んできたことは本文でも何度か触れました。勉強熱心だった渋沢栄一は、読書を好み、詩作を趣味としています。

そんなまじめで勉強家の渋沢栄一の一面がいかんなく発揮されたのが、フランスへの渡航でした。渡航の詳細は第1章に記したとおりです。

パリへ渡る船の中で、渋沢栄一はフランス語の勉強を始めたと言われています。さらに、フランスに到着してからも語学教師について学び、わずか1カ月ほどでフランス語会話を習得したと言いますから、その熱心さには驚かされます。

言葉がまったく通じなければ、何も得られずに帰国することになってしまいます。フランスで資本主義や西洋文明について渋谷栄一が本格的に学ぶことができたのは、最初に語学力を身につけることができたからでしょう。

現地では、相手を理解するために発言をじっくりと聞き、わからないことは尋ね、誠実に対応する姿勢を貫きました。まだ日本にはなかった銀行のシステムや株式会社の仕組みについては、渋沢栄一にこうした姿勢があったからこそ学べたのだと思います。実際に見て、聞いて、知ったことを日本に持って帰ってきたことで、日本の近代化は進められていったのです。

渋谷栄一とフランスとの縁は、これで終わりません。1924（大正13）年、日仏会館が開館し、渋沢栄一は理事長に就任します。

「日仏両国の協力によって相互の文化研究を行い交流を図り、進んでフランス語並びにフランス科学の普及を図る」ことを目的に、著名な詩人でもあった当時の駐日フランス大使のポール・クローデルとともに財団法人として設立しました。当時84歳だった渋沢栄一は、主に金銭面の支援を行っていたようです。

開館60周年事業として、1984（昭和59）年には渋沢・クローデル賞が設定されました。創立者である二人を記念して創設されたこの賞は、「日仏両国において、それぞれ相手国の文化に関してなされた優れた研究成果に対して贈られる」もので、現在まで続いています。

幕末の動乱期に海を渡り、まったく見知らぬフランスの地でさまざまなことを吸収した渋沢栄一。勉強熱心なところがあるからこそ、たくさんの情報を得ることができ、それをまた日本に広めることができました。そのときの縁は、今も日本とフランスをつないでいます。

BIBIRU OKI × SHIBUSAWA EIICHI

第2章

「お笑い中間管理職」の近くにいた渋沢栄一の言葉!?

進まない自転車をこぎ続ける僕たちの葛藤!?

時期を待つという勇気も必要だ　走り出す前によく考えよ

僕も40歳を過ぎてから、「お笑い中間管理職」という意識が次第に生まれています。僕の上にはたくさんの先輩がいます。たけしさん、タモリさんは70代、笑福亭鶴瓶さん、明石家さんまさんは60代。実際のところ、70代、60代の先輩芸人の方たちはよほど元気で、当面引退しそうにありません。

今のご時世ですから、こんな冗談半分を言うのも許されるようになりました。正直、「死んでくれないと無理です」と思っています。鶴瓶さんは先日、こんなことを話していました。

「ナイナイの岡村に、『鶴瓶さん、早く死んでください』と。何を言ってくるんや。あいつは」

たけしさんやタモリさんになると、僕は幼稚園の頃から見ていた記憶があります。幼稚園のときに見ていた僕は40代半ばになっても、まだ見ています。先輩芸人の方たちと、まだ仕事で一緒になることがあります。普通の会社で60代、70代の先輩がいる職場はあまりないはずです。

また、60代のその下の世代には、とんねるずさん、ダウンタウンさん、ウンナンさんなどの50代の方たちが、その少し下に雨上がりさん、ネプチューンさん、くりぃむしちゅーさんの50代前後の方たちがいるわけで、みなさんもすこぶる元気なんです。

徳川家康さんの「ホトトギス　鳴くまで待とうホトトギス　トホホ」、字余り！

僕には、家康さんの気持ちが痛いほどわかります。先輩芸人がたくさんいますから、「いつも後輩だ、若手だ」という感覚が僕には長くありました。現場に行けば、僕より先輩の芸人の方たちがたくさんいますから、つい後輩気質になってしまいます。

しかし、自分よりも年下の後輩芸人たちもさらにいっぱいいます。自分でも知らない間に、結果として中間管理職みたいな存在になりました。35歳の頃に、古舘伊知郎さんに指摘された「大木くんは、お笑い中間管理職だね」に、いつまでも「自分が下っ端、一番下にいる」という感じは通用しないことを理解しました。

先輩たちがこのまま元気にテレビで活躍されていると、やはり後輩芸人である僕たちは少し焦り気味になります。「46歳で出番が来ない！」ということを、僕でも感じるときがあります。「出番が回って来ることは、もうないかもね」という気持ちになるときもあります。そこで、悩むわけです。

「じゃあ、どう生きていこうか」、40代の苦しみです。自分の人生の方向、道をどう軌道修正していったらいいのか、考え始めます。先輩芸人たちより先に、後輩芸人たちが自分の行く道、歩く道を変えていくことになるわけです。

ですから、僕たちと同世代の中には、急に小説を書いてみたり、映画を撮ってみたり、ドラマの脚本を書いてみたり、あるいはドラマに出演したりと、それぞれが必死になって、自分の道を探し始めています。

お笑い芸人に対しての自分自身の諦めもあるのかもしれません。このまま芸人でいても、自分がたけしさん、タモリさん、さんまさん、鶴瓶さんになれるわけではないという諦めです。「だったら、どうやって生きていこうか」と思い悩む人が多いのです。

ですから気分は、「進まない自転車をこぎ続ける僕たちの葛藤!?」というツブヤキになります。僕でも深刻に悩むことはありますが、だからといってすぐに新しい方向を探るほど恵まれた才能を持っていません。悩んでいろいろと考えますが、行動は何もしていません。どこかで、僕の妻の口癖である「何とかなるよ！」という思いがあるからです。

そして、渋沢さんも僕に、「**時期を待つという勇気も必要だ**」と教えてくれるからです。若い頃は貪欲ですから、チャンスがあったら、人と争ってでもそれをつかみとろうとしました。しかし、渋沢さんは僕に教えてくれました。チャンスを気長に待つという勇気も世の中を渡っていくには必要な胆力だと。

世の中には、「こうすればこうなる」という原因と結果があり、それを無視してすでにある事情が原因となって結果が生じてしまっているのに、突然横から現れて形勢を変えようとすると、そこには無理が生まれる。無理は周りの方たちにご迷惑をかけて、結果として信頼をなくすことが多々あるもの。だから、時期を気長に待つ心のゆとり、あるいは愚鈍さが必要だと言ってくれるのです。さらに、渋沢さんは「**走り出す前によく考えよ**」という言葉もプレゼントしてくれました。

ありがとうございます！

テレビの世界はブラックボックス!?

蟹は甲羅に似せて穴を掘る

芸能界は、気遣いの世界です。さまざまな年齢の方がいらっしゃいますので、それなりの気遣いができませんと、仕事にならないこともあります。先輩の芸人の方たちだけではありません。

僕たちは基本的には事務所所属になりますが、労働形態としては個人事業主です。テレビ局に呼ばれたら行くという仕事の形態で、変な話ですが日雇い労働者のような感じです。ですから、テレビ局の方たち、現場の制作スタッフの方たちにも気を遣います。制作スタッフの方たちも気を遣ってくれますので、僕も思いっきり気を遣うわけです。

収録が終わると、無意識に気疲れがあるかもしれません。若い頃、テレビに出演することが嬉しくて、嬉しくての頃は、「気疲れなんか関係ないよ。テレビに出られてラッキーって」と楽しみがちです。そんな後輩芸人を見ていると、「ああ、なんか気持ち的にはあの人のほうが楽だろうな」と思ってしまいます。自分は通り過ぎてしまった光景です。

僕は性格的に浮かれるほど自分は大したことはないと思っていますので、「テレビに出られてラッキー」とか、「レギュラー番組決まった、ラッキー」と浮かれるのを怖いと思ってしまう人間なのです。

テレビの世界は怖い世界でもあります。明日から「ビビる大木」が消えてもまったく困らない世界です。僕たちの存在ですが、謙遜ではなく事実として、代わりはいくらでもいるからです。それが真実なのです。

たとえば、変な話、島田紳助さんがいなくなっても、テレビ番組はフツーに何の支障もなく放映されていました。ある存在がいなくても、別に気にも留めずにフツーにテレビは回っていきます。何も問題ありませんでした。

ですから、別に僕が今日からいなくなっても、1カ月後にはフツーに、別の人で回っていきます。「テレビ業界はまるでブラックボックスのような世界」なのです。

「あれだけビッグネームになってもそうなんだ！　本当に勘違いしちゃいかんな」と思います。どんな速さでもいいから、走り続ける気力。結局、そうなってくるだろうと思います。だから、ストレスが無意識に溜まってきます。

渋沢さんはこんなときに、「**蟹は甲羅に似せて穴を掘る**」という言葉を与えてくれました。

渋沢さんが言うところの、身の丈を守ることの大切さを教えてくれました。

当時、渋沢さんには、「大蔵大臣をやらないか」「日本銀行の総裁になってくれ」といった話が来たようですが、「実業界に穴を掘って入ったのであるから、今さらその穴を這い出すことはできない」と言っていたそうです。渋沢さんは「走り過ぎず、溺れ過ぎず」を知り、「何事も誠実さを基準とする」ことを大切にしていたのです。

僕は渋沢さんの言葉に活かされて、この道を自分なりに極めて行きたいと思うようになっています。「それが、僕の生きるということかな」と思い始めています。

そういうわけで、「お笑い中間管理職」もまた、世の多くの「中間管理職」の方同様に疲れが溜まるのです。そのへんのご苦労は多くの40代の方は抱えて生きていらっしゃると思いますが、みなさん、僭越ながら僕たちもまた同様なのです。


自分の父親の40代の頃の写真を見ると、「大人だなぁ」と感じます。今日の僕を見ると、20代の頃と変わらずに普通にスヌーピーのTシャツを着て、半ズボンです。今の時代はこれも普通と許される時代ですが、親父の時代は40代には40代の（暗黙の了解の）服装がありました。その了解事項には、スヌーピーとかミッキーのTシャツはもれていたはずです。

逆に僕の世代を見てみると、やはり社会が豊かに、自由になったのかなと思います。いくつになっても、そういうファッションを楽しむことが許される時代になりました。現代は、年齢を忘れたまま歳をとることが許される時代になったのだと思います。

「軟式野球同好会」を創設したヒーロー

およそ人は自主独立すべきものである

僕は高校時代に、「軟式野球同好会」の創設をしました。この同好会の創設は、高校時代を振り返ったときに、必ず思い出される僕の高校時代3年間を通じての金字塔です！しかし、金字塔でありながら、甘く切ない思い出でもあります。この話を聞いた人の120%は、苦笑いをされるほどです。

中学校のとき、僕はバレーボール部でしたが、高校時代にはバレーボール部以外の運動部に入りたいと思っていました。ところが、いろいろな運動部の様子を見に行きましたが、入りたい部がありませんでした。

仕方なく、バスケットボール部に体験入部をしました。当時、『SLAM《スラム》 DUNK《ダンク》』を読んでいて、「じゃあ、バスケにしてみようかな」という気持ちでした。バスケが大好きというわけではなく、他に自分が興味を持てそうな運動部がなかったからです。そんなことですから、体験入部をしてみても「なんか違うな」と思いました。

「なんか違うな」と思いながら、バスケ部を続けるよりも、「自分がやりたい部活がないのならば、やりたい部活を自分でつくったほうがいいんじゃないかな」と思い、2年になると「軟式野球同好会」を、硬式野球部から先生を引き抜いてつくりました。

硬式野球部には、何人かコーチの先生がいました。同好会を創設するにはコーチが最低一人、必要でした。そこで、一人の先生に、「僕たちの軟式野球部に来てくれませんか。自分たちで部活動をしたいんです」と丁重にお願いしたのです。

学校としては、「硬式野球がもうあるから、野球部をもう一つつくる意味がない」という空気でした。「もう、おまえたちが使うグラウンドもないぞ」とも言われました。「じゃあ、グラウンドも、僕たちで探します」と、学校の周辺を歩きながら空地探しをしました。

すると、学校から15~20分走ったところに空地がありました。千葉県だったので、田舎です。使用の許可をいただき、空地を使うことができるようになりました。放課後にみんなで移動して、練習して帰る軟式野球同好会のスタートでした。

渋沢さんの言葉に、「**およそ人は自主独立すべきものである**」というものがあります。その教えは次のような意味があるそうです。

「人は誰もが自分が、人生の主役です。そう信じて、あなたは主人公らしく、自分の足で立つことが重要です。自分の力で立ち上がることが大切なのです」「敗者、弱者だって、自分を人生の主役だと思って生きています。その義務も権利もあります。彼らも自立したいと願っています。手助けするときには、この精神を助ける姿勢が大切です」

この軟式野球同好会創設の話は、まさに僕にとって最初の自主独立の行動だったように思います。渋沢さんも、きっとそう思ってくれると信じます。

「軟式野球同好会」で生まれた悲劇の主人公も僕

同好会創設の頃、僕のポジションは最初、4番サードでした。部員が増え、徐々に追いやられ、コーチ役の先生からは、「大木、どこでもいいから、やってみろ」と自由な、投げやりな対応だったので、ピッチャーから始まり、ファースト、外野とポジションはたらい

回し。一応、設立功労者としての特待的自由だったと、僕はそう思っています。

設立した当初は人数も少なかったので、4番サードも許されました。僕が自分でつくった同好会だったので、部のみんなも認めていました。

しかし、だんだん、だんだんだん部員が増えていきました。硬式野球部はそれなりに練習が厳しく、硬式野球部を辞めた人間が流れてきました。部員たちはみな、中学まで軟式野球部に在籍していましたから、僕とはモノが違いました。


そういう面々がどんどんレギュラーになり、僕はどんどん、どんどん外されて、最後は補欠になりました。自分で立ち上げた「軟式野球同好会」で、最終的に補欠になるという現実……。ドラマチックと言えばドラマチックですが、僕はかなりふてくされて、「足が痛い」と嘘をついて帰っていました。

創設者なのに補欠という現実は本当に切なかったです。僕の青春は過酷でした。クラスの女子たちは、「大木、自分でつくったのに補欠らしいよ」と小声で笑うのです。

当時は苦しかったですが、今では思春期に恥をかいてよかったなと思っています。カッコ悪い思いをしたことが、素晴らしいご褒美でした。たとえ僕が「補欠」で終わったとしても、自分が創設したという実績は消えません。

「部が発展し、力のある有力な選手が集まってきたので、補欠になった。それは、同好会としてはとてもいいことだ」、そんなふうに考えるようになりました。会社が大きくなったので、「あとは君たちでやりなさい」と渋沢さんみたいなことをして、僕はまた違う部をつくることにすれば、きれいな高校時代の思い出になりましたが、僕はそこまで考えを深めませんでした。少しふてくされていた点が10代の人間臭さです。

高校3年、これで引退となる最後の夏の大会、9回裏のこと。先生が、「代打、大木」と告げて、「行って来い。振って来い」と言ってくれました。

軟式野球は当然、金属バットを使います。でも、僕はあえて木製バットでバッターボックスに入りました。木製バットは芯に当たらないと、本当に飛ばないんです。金属はちょっと芯からズレても飛ぶんです。代打、木製バットの僕は、3球三振でした。

僕は、右手を高く天空に上げて、「己の青春に、一片の悔いなし！」と叫びました。あのときは、『北斗の拳』の長兄のラオウになっていました。

自分でその現場において、あるいは組織において、学校において、やりたいことが見つかりにくかったとき、もし「自分がやりたいことはこれなんだけどな」という気持ちがあった場合には、やりたいことを自分で始める勇気を持つことです。

僕はその勇気を持てたので、一歩踏み出せました。そう考えると、やはり今の自分の原点は、自分の興味を持ったことには全力を尽くしてみるということです。

「土曜スタジオパーク」の司会で心がけていたこと

人の本質を見抜くには、視て、観て、察することだ

「人をしっかりと理解したいと思ったならば、まずはその相手の方をよく知ることだと思う」とは、渋沢さんのお考えです。渋沢さんの人脈ネットワークはすごかったと知りましたが、それは彼のこうした洞察力のなせるワザだったのかと思いました。
渋沢さんは、相手の人をよく視て、その立ち振る舞いからわかることがあると言います。
それは、外面的な点だと思います。そして、その人をよく観ていると、その方の発言や行動などからその内面もまた垣間見ることは多少できるというのです。これは、「内面」と言えるものでしょう。

そして、その人をよく察すると、その人が何を考えて、どう望み、どうすれば喜ぶのかもわかると言います。その方のさらに深い内面が見えてくるというのです。渋沢さんはそうやって人を見抜いたんですね。

僕もこのことを知っていれば、NHKの「土曜スタジオパーク」で、ゲストからもっと内容のある話を引き出せたのではないかと思っています。

NHKの「土曜スタジオパーク」の司会を僕が務めたのは、2004（平成16）年4月から2017（平成29）年3月までの13年間でした。20代後半から40代に入るまでと、わりと長い期間、司会を務めました。

担当になった最初の頃は、御大のアナウンサーが二人いましたので、その方たちが全部を仕切り、僕はその横にいる男アシスタントという感じでした。視聴者の方から見たら、「お笑いタレントが一人横にいます」ぐらいでした。

そのうち、先輩アナウンサーたちが番組を抜けていき、だんだん僕が「スタジオパーク」の中で最年長で、長く出演している人になっていきました。

司会のコツは、あの番組で学んだように思います。「土曜スタジオパーク」は、高齢者の方たちが気軽に見る情報番組で、ＮＨＫでは人気番組です。大河ドラマの再放送の後、午後2時から番組は始まります。特に視聴率が高くなるのは、新しい朝ドラと大河ドラマに出演される俳優、女優の方が出演する回です。

毎回ゲストが必ずいました。そのゲストは自分の出演するドラマの話があるから出演されているわけです。宣伝込みでの出演でした。俳優、女優、芸人など番宣で出演していると、どうしても他の番組と話が似てきます。

そのとき、「『土曜スタジオパーク』ではおもしろい話をしていた」「他の番組では、してない話をしていたね」と思われることを、僕は目指していました。もちろん、僕も番宣で出た経験がありましたので、出演者の気持ちがよくわかるのです。

テレビで何か聞かれたらこの話、この話、この話と、何となく話す内容のパッケージができてくるものでした。事前に、「この話を持って出演すれば、番組の宣伝に関してはもう成立する」という話が出来上がっていくのです。

ゲストの方はそうなると、それ以外の話をしなくなります。僕はその話を、「脱線させたい」「はみ出させたい」と思っていました。「何とかそこを崩さなきゃ」と思いながら、僕は話を聞き出します。

素朴な疑問がしたたかな質問に変わるとき

では、どうやって話を聞き出していくのか。まずは、ゲストの方が話した内容を、普通に聞く聴き方の10倍以上注意深く聴きます。

話されたゲストの方は、「話したから、はい、おしまいね」という感じになるところを、よく聴くことで、まずはクエスチョンマークが生まれます。それが、ポイントでした。相手の話を聴いて、「何だろう?」と引っ掛かりを探すみたいなことです。

たとえば、「ドラマの撮影の合間に釣りに行くのが唯一の楽しみでした」と俳優さんがお話しされたら、「釣り行くんですか?　何を釣るんですか?」なんて聞くわけです。すると、「湖でブラックバスを釣りました」と言われたら、「ああ、そうですか」となり、「この人は釣りが好きなんだ」ということで、普段はそれで話が終わります。

そこを、「ちなみに、その釣りに行くとき、音楽は何を聞いているんですか?」という質問をすることで、また新しい情報を視聴者の方にお届けできるわけです。僕が新しく聞いた質問からです。そういうことを目指していたわけです。すごく地味な作業でしたが、ゲストから新しい情報を知ることができ、それを視聴者は「おもしろい！」と思うわけです。この小さな喜びを、僕は大切にしたいと思いました。

生放送ですから、当然ある程度、時間と台本も決まっているので難しい作業でした。しかし、結局、映画の番宣でしたら、出演者の方は同じ話をするので、そうすると「またこれか」と視聴者は思います。そこで、うまく脱線させると、「ああ、おもしろいな」と視聴者は思うわけです。

大河ドラマが始まるというときには、出演する俳優さんたちに、「ちなみにセリフは、家で覚えているんですか？　外ですか？　車の中ですか？」と聞きます。「お風呂ですか？」と聞いたこともありました。

そうすると急に、「僕、家で一切読まないから」という人が出てきます。「えっ？　じゃあ、全部現場で覚えているんですか？」と聞くと、「そうだよ」と答える。僕と視聴者は「へー！」となるわけです。

俳優の方はそういう舞台裏の話を進んでしません。なかなか、聞き出せないのです。なかにはもう、「家の駐車場で2時間、3時間、車の中で一人で集中して、セリフを覚えきって家に入ります」という方も。

「なるほどね」と思います。「家族がいてなかなか時間が取れないから、駐車場で集中して覚えて、家に帰るんだ」と聞いて、「すごい！」と思うのです。こうした、一つ踏み込んだ情報を聞き出したいという気持ちが強かったです。

40代でも手を抜かないための、小さな挑戦

葉のためには枝を、枝のためには根を、培養させねばならない

ただ今40代半ば、あと4年で50代に入ります。そろそろ、僕にとっての50代、60代戦略を考えなくてはなりません。何か、お笑い芸人が「戦略」と言いますと、少し照れるわけですが、しかし僕たちといえども戦略が必要な時代になったと思っています。

僕の今までの考えでは、20代で手を抜くと30代がダメになる、30代で手を抜くと40代がダメになる、40代で手を抜くと50代がダメになると思いながら生きてきました。ですから、

今振り返りますと、人生とは結局、手を抜くことが許されないと思っています。「手を抜くことが許されない」と考えると少し疲れた気分になります。少し気分はブルーになりますが、40代で手を抜いてしまうのはよくないなと感じています。

では、そこで何をするか。具体的にまだ思い浮かばないことが問題ですが、ただいまYouTubeで小さな挑戦中です。芸能生活25周年の「ビビる大木 YouTube こんばんみチャンネル」で、仕事論を語る対談をしています。

初回は、劇団ひとりさんがゲストでした。仕事で譲れないところはどこだろうという点についてアツく語り合いました。会社に勤めていらっしゃる同世代の方たちにも参考になる対談かなと思います。

「手を抜かない」と言いますと、少し気分はお疲れ気味になりますが、その気分に喝を入れていただいたのが、渋沢さんでした。「**葉のためには枝を、枝のためには根を、培養させねばならない**」という言葉があります。一言で言えば、「人生は日々、努力にある」になります。

渋沢さんは70代になっても、どんなに老境に入っても、せめて勉強することだけはやめないと心に誓ったそうです。僕はこうした渋沢さんの愚直なところを学びたいと思います。

僕はマイナス思考だけれど……

僕は基本的に「マイナス思考」です。デビュー当時、いや学生の頃から、「プラス思考ならいいのに」とさんざん思ってきました。ただ、マイナス思考は悪いことだらけかというと、そうでもない気がしています。マイナス思考のよい面は必ずあります。

たとえば、マイナス思考によって慎重に行動します。何かミスをしたときに「あ、やっぱりな」と、失敗の原因を明らかにする行為を自然と行っています。これは僕が日々、「どこかで、失敗するかもな」と思っているからです。

テレビでは本番前に、「打ち合わせを聞いている限り、うまくいくかな?」と感じることがあります。「何か相手の言っていることがピンと来ない、結局何をやろうとしているのかな。僕に何をしてほしいのかな」と制作サイドの意図がよく伝わってこないときなどは、本番もやはりうまくいきません。「なるほどそういうことね、今日やることは」と、何かわかったときのほうがうまくいきます。

小島慶子さんのラジオ番組に、結婚したばかりの頃にゲストで呼ばれたことがありました。話題は新婚生活についてでした。「結婚おめでとうございます」の話から、「ワイフは超ポジティブな方で、でも僕はネガティブなんです。だから、ちょうどいいです」という会話をしたことを覚えています。

ちなみに、僕は妻のことをワイフと呼んでいます（笑）。

新婚当初、なぜか仕事がうまくいかず、1回ならまだしも4日も5日も「今日もダメだったな」と思って帰ることがありました。次第に、家でも暗くなりました。ワイフに相談でもないのですが、ちょっと話を聞いてほしいようなトーンで話していました。彼女はそんなにまじめに聞きません。まずは、同調しないのです。

「あ、今日の夕飯は、アンパンとあんみつ！」

アンパンとあんみつで、飲み物は味噌汁ではなく、麦茶が出てきました。落ち込んだ気分で、話を聞いてもらいたかった僕は、「うーん」という感じでした。「悪くないけれどさ」と言いたい気持ちを封印し、食べ始めるとだんだん楽しくなってきました。そして、思わず笑ってしまいました。気分を変えたいときの夕食としては最高でした。

少し目先を変えてくれる人が近くにいると、状況が打破できることも多いなと感じました。結果、僕の心はリセットされていたわけです。

ポジティブな方に、ときには手を差し伸べていただくことも必要ですが、「マイナス思考」とは、セルフチェックがしっかりとしているとも言えます。

「アンパンとあんみつ」のように、いいことだらけの思考ではありませんが、マイナス思考では本当にダメだとも思っていません。ポジティブに生きている人は、「いや考える前にもうやっちゃえよ、そんなの」と即行動を促しますが、行動を起こすときは自分が納得済みでないと動けません。

以前、元プロ野球選手の桑田真澄さんが「ノーアウト満塁から物事を考える」という話をされていました。やはり、マイナス思考の方でした。野村克也さんのご本を読んでみても、典型的なマイナス思考の方でした。

僕は周りを見ていて、世の中、ポジティブ思考の人が多いとは思っていません。みんなポジティブなほうがよさそうだという理由からそう見せているだけと思っています。多くの方は、みなさん、どこかでマイナス思考を持って生きているはずです。

芸人の「常識」と「非常識」

渋沢さんの「常識論」を学ぶ

僕たち芸人がバラエティ番組に出演しているときに、視聴者の方が番組をパッと見て、「本当に好き勝手にバカなことをやりやがって」と思っていただけるのは、そんなふうに見せているからです。

しかし、バカなことをやるためには、僕たち芸人は「常識」が必要になってきます。常識を知らないと、非常識になれないからです。テレビの世界はそうなっています。ですから、本当に非常識なヤツが出てくると、周りは心底、非常識なヤツを嫌うのです。しまいには、「あいつは本当にダメだな」と言われます。「常識を持ったうえで、非常識を演じる」ことが、お笑い芸人には求められています。

ここで、渋沢さんが考える「常識」について学びたいと思っています。

渋沢さんは、「やりたいことだけやる。その結果、社会貢献になる」という、まさに時代に選ばれた本当に一人の人物です。ただし、渋沢さんの時代は今ほど成熟していない社会だったので、世に出やすかったことはあると思います。

渋沢さんが現在、地方で年商300億円ぐらいの企業経営者の長男で、お坊ちゃんだったら、あのように33歳で社長になれたでしょうか。むしろ、周囲から総スカンで「修業しろよ」と言われるのが、現代です。

渋沢さんの実家も豪農・豪商だったのですが、新撰組の副長の土方歳三の実家も農業しながら商売もしていた豪農に近い家でした。実家は寺子屋もしていた近藤勇も似たようなものです。幕末から明治の時代にかけて、下級武士と豪農の子弟は、時代を背負って頑張るぞという気概で満々でした。

渋沢さんが生涯現役で、華々しく突っ走ることができたのは、幕末に味わった理不尽な身分制度への怒りがあったからです。この怒りを原動力にしながら、日本の「公益」を充実させて、日本人の暮らしを豊かにしようと思ったからです。つまり、怒りから使命感に変わったように思います。

その変えた力こそ、渋沢さんの「常識力」ではないかと思います。

僕の「常識」を変えてくれた、堺正章さんの言葉

渋沢さんが生き様で教えているように、常識は社会で生きていくときに必要な力です。

「では、常識とはどんなことでしょうか」と渋沢さんに問いかけると、答えてくれました。

「常識とは、何かしようとするときには、極端に走らず、頑固ではなく、善悪を見分け、プラス面とマイナス面に敏感で、言葉や行動がすべて中庸にかなうものこそ、常識なのだと思う。別の言葉で説明すると、『知恵、情愛、意志』になる。この三つの言葉がそれぞれバランスを保って、均等に成長したものが完全な常識である。一般的な人情に通じて、世間の考え方を理解し、物事をうまく処理できる能力が、常識である」

僕はわりとずっとテレビに出続けていますが、僕のようなポジションで考えると、「良くも悪くも使い勝手がいい芸人」ということが求められているのかなと思います。僕は呼ばれた番組のメンバーを見て、内容を見て、「ああ、自分が座る椅子はここかな」と言われる前に見えてきます。

番組によっては、そういう説明がないときもあります。「自分で察して、自分の仕事をしてくださいね」ということもあります。番組スタッフの方の中には、「察してやってくれるから楽だよ、大木さんを呼ぶと」と言ってくれるスタッフの方もいます。

こうした僕のスタンスが良いか悪いかですが、「良いふうになるときもあれば、良くないときもあるな」と思っています。

あるとき、堺正章さんとお話しした際にアドバイスを受けたことがあります。

堺さんは、「おい、大木、テレビに利用されるなよ」と言われました。「どういうことですか?」と聞くと、「テレビをもっと利用するんだ。敵じゃないけれども、向こうも利用してくるのだから、こっちも利用しなきゃダメだ」と言うのです。

「ああ、なるほど……」と思いました。僕はそれまで言われたことをやっていれば間違いないし、言われたことをやっていれば怒られることはないと思っていました。でも、もう1回、そこを壊せという話でした。

堺さんは、「そのスタンスでテレビに出続けていたら、おまえ、この先が続かないだろう」とも言われました。テレビに出演する際に僕が「常識」だと思っていたことを、根本から考え直すきっかけとなる言葉でした。

僕を見ていて、「おまえ、テレビに利用されているだけだぞ。今はいいけれど、5年後、

10年後、そのスタイルでどうだ?」と教えてくれたのかなと思います。長く芸能界で生きて来られた方は、経験に裏打ちされた鋭いお話を聞かせてくれます。

僕は今、堺さんに指摘されたことを、つまりは僕のテレビ出演についての「常識」に修正を加えようと、試行錯誤の毎日を過ごしているところです。

コラム③

「藍田は家を興す」

渋沢家が、麦作や養蚕といった農業とともに藍玉の製造販売を家業としてきたことは第1章でもお伝えしました。藍の栽培は農ですが、これを藍玉に製造するのは工、売買するのが商であるとして、渋沢家の家業を半農半工、そのうえ商いまでも兼ねた業態だと渋沢栄一は説明しています。

藍葉を育てる農家同士を競わせて、藍玉の品質向上を目指してきたことも書きましたが、実はそれは渋沢栄一の父・市郎右衛門が始めたことでした。

市郎右衛門は、前年よりも質の良い藍玉を少しでも多く製造して売ることを楽しみにしていたそうです。売りに行った染物店に「今年の藍玉は上質だ」と褒められ、品質の向上と売上が増していくことを何よりも喜んでいたと、渋沢栄一は書き記しています。

藍葉を売る農家の間では、「渋沢は良い藍でないと買わないから、今年は渋沢に買い取ってもらうようになりたいものだ」と言われるほどで、それほど渋沢家の評判は良かったそうです。少しでも多く渋沢家に買い取ってもらうため、農家は苦心して年々良い藍葉を育てるようになっていきました。

その競争をさらに盛り上げたのが、当時16歳だった渋沢栄一が生み出した「武州自慢鑑藍玉力競」という番付表でした。その年の藍葉のできを見て、良い藍葉を栽培した農家を相撲番付に見立てて大関、関脇、小結などと格付けしたのです。この番付表は、渋沢栄一記念館に展示されています。

大関に選ばれることは農家にとって大変名誉なことだとされていました。成塚、沼尻、下新戒、中瀬、伊勢島、落合、高島、下手計、上手計、新井、上敷免などの農家が競い合い、「藍田は家を興す」と言われるほど武州は藍で栄えていきました。この番付の行司を、渋沢栄一は22歳のときには務めるまでになっていたそうです。

藍の産地は、徳島県の吉野川流域がもっとも盛んで「阿波の藍」として知られていました。埼玉県深谷市北部の利根川沿いも、藍を育てるのに適した土地で、藍の栽培が周辺の村で行われていました。「阿波の藍に負けない、武州の藍を日本一にしよう」と志した渋沢栄一の最初の商業活動が、この藍玉の製造販売だったのです。

「武州の藍」は、現在も「武州正藍染」として剣道着などに用いられ、埼玉県を代表する伝統的手工芸品として地元から愛されています。

BIBIRU OKI × SHIBUSAWA EIICHI × BIBIRU OKI × SHIBUSAWA EIICHI

第3章

どんなことがあっても「心はいつも半ズボン」

変わる「お笑い」の質

渋沢さんの人生を貫く「人は平等だ！」

印象批評になります。今の視聴者の方たちは、お笑いに対しての求め方が以前に比べて変わって来ています。これは僕が何となく感じていることです。以前とは、２０１１（平成23）年３月11日の東日本大震災の以前と以後です。

テレビを見て笑うところが、「少し変わったな」と思っています。

３・11から数日後、福島第一原発で、建屋からの放射能汚染を抑えるために、自衛隊のヘリコプターからワーッと海水をぶっかけたりしていたテレビの中継映像を見たときに、僕たちは見てはいけない現実を見てしまったという強烈な思いを抱きました。

あの映像を見て、これまでの笑いが消えました。

しばらくすると、徐々にバラエティ番組が放送されるようになりました。僕はそれらのバラエティ番組を見たときに、笑いのツボが少し変わったなと感じました。しかし、その変化よりも、テレビ局には「東北があんなときにバラエティとは何事だ」という苦情が殺到したらしいです。
僕には、被災した知り合いが仙台、釜石にいます。その知人からのメールに、「僕たちは3・11以降、毎日、津波の映像を見るのがどれだけ辛いか。本当にバラエティ番組、早くやってほしかった」と書かれていたことが記憶に残っています。

このメールを読んだときに、「バラエティなんか放送している場合か！」と文句を言っていたのは、「誰なんだろう？」と思いました。意外と、東北以外のところからの苦情が多かったそうです。
辛いことがあったから、少しは楽しみたい、笑いたい、気分転換したいと思うのは当然なことです。それまでは仕方ないので、教育テレビを見て、報道番組をしぶしぶ見ていた感じでした。みんな、テレビチャンネルで道草をして、あえてニュースを見ないようにしていたようです。

ツッコミ一つにしても、やさしい笑いのほうが好きになる傾向が生まれたように思いました。その一方で、ちょっと非難めいた視線が多くなりました。今だと電車でマスクをしていない方に、「マスクぐらいしろよ」という視線です。

それぞれの方がそれぞれの少し異なる考え方を持って生きているわけですが、それを以前のようにオブラートに包むことをしなくなったような気がします。


少し話を変えますが、渋沢さんは社会のために、「適材適所」こそ、組織が発展するための根本思想だと言いました。そして、これまでの「適材適所」は自分の勢力を組織内に植え付けるための、私欲のための手段でした。しかし、「**日本という公益の向上のための手段にすべきだ**」と、渋沢さんは語りました。

その前提になるのは、渋沢さんは「**人間は平等である**」という姿勢だとしています。どちらが社会的に上で下で、だから威張る、威張らないということではなく、平等の思想をベースにしたものです。


しかし、そこにも、けじめ、礼儀、譲り合いの気持ちがないといけないと指摘しています。「私のことを徳のある人間と指摘する人が多いが、私は多くの人が徳があると思っています」というその発想もまた平等でした。

3・11以降、日本社会の中のさまざまなところで、小さな疎外感が生まれました。この疎外感を、それぞれの日本人が持ち出すと共通の笑えない状況が生まれます。日常生活がそうですから笑うポイント、感動するポイントが少し変わってきています。

ですから、笑いが少なくなって、感動したいという潜在意識が大きくなっている、それが現在の日本じゃないかと僕は思います。

おもしろかったテレビの世界が、変わってきている

僕がお笑い芸人を目指したのは、小学生時代からずっと見てきたザ・ドリフターズの「8時だョ！　全員集合」、たけしさんとさんまさんの「オレたちひょうきん族」の影響です。テレビを見て、「やってみよう！」という気持ちになりました。

毎週、テレビを見るのが楽しみで、本当に腹を抱えて笑いました。「なんでこんなおもしろいんだ、テレビは」と感じていました。当時のテレビは、大きな影響力とパワーを持っていたと思います。そのときの気持ちのまま大きくなって、僕は「テレビの世界で仕事をしたい」と決意し、芸人になりました。

芸人の世界に入ってみたら、「あれっ？」と異変に気づきました。テレビの世界がだんだ

んしぼんでいっている、寂しくなっているのです。僕たちが子どもの頃に見ていたテレビ番組の豪華さ、華やかさ、「いいから、やっちゃえ、やっちゃえ」みたいなノリのよい感じがなくなっていきました。

気がつけば、コンプライアンスのようなカタカナ用語が横行しています。「えっ、僕が子どもの頃はもっと、元気があったよ？」と問われたら、「テレビは現在、そうなってきています」と答えることになります。

視聴者の方たちから「最近のテレビはつまんねぇ」「最近の芸人は全然大物が出て来ないな」というご批判をいただきますが、「おっしゃるとおり、そのとおりだ」と思います。今の状況からスターが出るというのは、僕たちも相当難しいなと感じています。

大物芸人の方たちは「昔テレビでああいうことをやったから、今も売れているんじゃないの！」と思いますが、今ではもうダメなんです。番組としてできないわけです。たとえば、お笑いの罰ゲームの一つにしても、「それは見方によっては、少しいじめに映るからよくないよ」ということになるわけです。

よくないというので、たくさんの番組、コーナーが消えました。いじめを助長する可能性があるというのです。おっしゃるとおりなのですが……。

「なんか難しいじゃないですか」と言われても、しかし現場の僕たちは「いじめ」とは思っていません。「いじってくれる」と感謝しているわけです。先輩と後輩に当たる僕たちは信頼関係ありきで、僕たちの世界はそれで成り立っているのです。

こういう考え方で、バラエティの仕事の仕方とか、つくり方を変えていっているわけです。ここ10年ぐらいテレビではずっと続いている番組づくりです。

現在のバラエティは制約だらけ!!

熱い真心が必要だ！

僕がまだ若手だった頃の話ですが、足立区に通り魔が出ました。「その通り魔を、警察より早く捕まえろ」というロケの依頼がテレビ局からありました。

そのときは、僕は普通のロケ指示だと思って快諾しました。やるのが当たり前だと思っていましたし、「どうしたら犯人を捕まえられるのかな」と本気で考えました。相方と二人でハンディカメラを持ち、街中を捜査というか、パトロールしながら撮影して歩きました。

結局、犯人を捕まえられませんでしたが、振り返って考えると、「すげぇことをやってたな」と思います。今、その話をすると、「今は絶対にその企画、テレビ局では通らないよ」と言われます。「それで事件になったら、誰が責任取るんだ」という話に、企画段階でなってしまうからです。

渋沢さんは、仕事をする際に、**「単に自分の役割を決まりきったカタチでこなすだけなら、それは本来の仕事とは言えない。ただ、命令にしたがって、処理しているだけだ」**と言います。

仕事とは、自分からやる気を持って、「こうしたいし、ああしたい」「こうやって、これをこうすれば、さらによくなるだろう」と思いつきや、理想的な展開を加えて実行していくことであり、そうなって初めて仕事は仕事になる。そのためにも、**「熱い真心が必要だ」**と言っています。

テレビの世界は、ある意味、雁字搦《がんじがら》めです。視聴者の価値観がダイレクトに番組の内容を左右します。今まで通用していたことがダメになってくるのです。そうであるならば、考え方を変えないと、みんなに見てもらえません。そういう新しい価値観に左右されます。テレビは、最近、制約だらけです！

しかし、渋沢さんの言葉のように「熱い真心」があれば、もっとおもしろいテレビの世界をつくっていくことができるはずだと、僕は信じています。

テレビで見る「お笑い番組」の舞台裏

たとえ師であろうと言うべきときは心を込めて

収録で調子よくガンガン発言しても、編集段階でのカットという編集業務があります。先日も2時間番組のために、収録を5時間ぐらいしていました。もちろん、休憩を入れながらになります。そして、もうこれから発言しても、半分以上はカットされるだろうと出演者たちは見ています。

こういう場合、出演者それぞれに対応が分かれます。「それでも一応やっておこうか?」と、僕はそう思う人間です。なかには露骨に、「これ以上話してもどうせカットだから、この先の盛り上がりはもういらない」と考える人もいます。

せっかく話してもカットされると、話し損になってしまいます。そういう方はもう発言しません。こういう判断が難しいところです。どうしても、こうした計算が働きます。

実際、自分が出演したテレビを見ていると、「あ、ここはカットされたんだな」という見方になってしまいます。

「収録でこの後すぐに盛り上がったんだよ」と一緒に見ていた家族に話すと、そこがばっさりとカットされていて、「え、全然、映らないじゃん」と言われたこともあります。僕も、「あれ？　あんなに盛り上がったのにカットか」と思うことがあります。

こんな見方をしてしまうので、テレビは半分仕事モードで見ています。それがどうしても、嫌なときもあります。そういうときには、ＮＨＫの「コズミックフロント☆ＮＥＸＴ」で星空を見ています。

テレビ番組はディレクターや監督のもので、僕のものではありません。監督が「そこは違うんだよ」と言ったら、もうそれまでです。それが現実です。お笑い芸人の中には、オンエアを見ないという人が実は大勢います。見るとどうしても落ち込むからです。それから、その監督に文句を言いたくなるからです。

撮る側と撮られる側のおもしろさは、ズレていることが多いです。しかし、監督には監督の、ディレクターにはディレクターの言い分があります。「あそこを入れると、こっちが生きてこないので、泣く泣くカットしました」。カットという切り札を制作する側に握られたまま、お笑い芸人として生き残っていくのは大変なことなのです。

監督やディレクターにいろいろ言い過ぎると、「うるせえ」と言われます。「大木は面倒くさい」と思われてしまいます。そうなると呼ばれなくなりますから、様子を見ながら慎重に話します。しかし、「これは言わないと本当によくならないぞ」というときがあります。そういうときは、一応言います。「この先どうするの？」とちゃんと言います。監督にも迷いがある場合が多々あります。

渋沢さんは、僕の発言に後押しをしてくれます。渋沢さんは『論語』の中で、「**仁を実践するにあたっては、師匠にも譲らない**」「**正しい道理を進むなら、あくまで自分の主張を通してよい**」、そして「**師匠は尊敬すべき人だが、仁に対してはその師匠にすら譲らなくてもよい**」と指摘しています。渋沢さん、勇気をいただきました！

監督の話を聞いていて、「何も考えてないんだな」と思う監督もいます。監督が僕にどう動いてほしいというのか、そういったイメージがまったくない場合です。

こちらが何をやっても、監督は「しっくりこない」と言います。しかし、僕から言わせると、「そりゃそうだよ、おまえが僕をどうしたいと考えてないからだろ？」という本音をぶつけたくなりますが、ぐっと堪えて言いません。

「今日の番組はどちらかな」と思いながら、放送を見ていて、「あ、このディレクターはこれが好きなんだな」と感じます。そういうことも考えつつ、その一瞬一瞬でしゃべることをしゃべる。めちゃめちゃ脳を使います。だから、そのおかげかわかりませんが、何歳になっても半袖短パンで出かけられるぐらいの自分でいたいと思うのです。

僕のモットー「心はいつも半ズボン」

得意なときと、失意のときと

僕の人生のモットーは、「心はいつも半ズボン」という言葉です。誰か有名な方の言葉ではなく、自分で考えた言葉です。
どういう意味かと言いますと、「何歳になろうとも常に少年の気持ち、子ども心を持って生きていこう！」というものです。おじさんになってきましたから、この言葉が持つ意味の深さは重要です。どんなにおじさんになって、ビジネスの打ち合わせでビジネスの話を

していようが、この気持ちをどこかに持ちながら生きることが大切です。

ここ数年、テレビを見ていると、隙のある人間のほうに人気が集まります。ツッコミどころのある人、何か抜けている人など、「どこか憎めないなあ」という方がみんなから愛されます。

以前は、コンビでいると、ネタを書いているほうが評価されて、おもしろいという傾向がありました。現在はネタを書いていないほうがかわいい、何か見ていて安心する、癒やされるみたいな取り立てをされています。変わってきているなと思います。

相方だけがテレビに呼ばれ、自分はあまり呼ばれない、そんなコンビも出てきます。そういうときに、「心はいつも半ズボン」という言葉を知っていると、呼ばれない相方はどこか遊び心というか、そういう自分になることで心の持ち方も変わり、あまり苦しいと思わなくなるのではないでしょうか。


僕は渋沢さんも、「心はいつも半ズボン」の心を持っていたと思います。その心を持っていたからこそ、いろいろな女性の方とお付き合いできたし、30人以上の子どもをもうけることもできたと思うのです。子どものような好奇心がないと、これだけの事業を成し遂げることだって、できないはずです。

「名声とは、常に困難でいきづまった日々の苦闘の中から生まれてくる。失敗とは、得意になっている時期にその原因が生まれる」

この言葉は真理であると渋沢さんはおっしゃっています。得意のときにも調子に乗ることなく、失意のどん底にあっても些細なことを大切にする姿勢に、人は信頼を寄せるのです。その言葉の意味に、「心はいつも半ズボン」も少しは重なると思います。

44歳の僕、「どうしてもネッシーが見たい!」

このモットーを、僕がいかに大切にしていたかは、テレビ番組「アナザースカイ」にゲスト出演した際の映像を見ていただけると、わかってもらえると思います。

僕は「アナザースカイ」に２０１８（平成30）年、44歳のときに出演しました。ロケは、僕の希望を採り入れていただき、スコットランドのネス湖にネッシーを見に行くことになりました。

「アナザースカイ」という番組は、著名人が自分が学生時代の留学先だったロンドンの街を訪ね歩く、ニューヨークのお世話になったお店の人に会いに行くなど、行きたい場所へ出かける番組です。

僕はスコットランドに1回しか行ったことはないのですが、「どうしても、ネッシーがいるとされている湖に行きたい」と希望を言いました。

すると、番組スタッフの方たちが「ああいいですね」と言ってくれました。「確か『アナザースカイ』ではそういうオカルト方面はあまりないですね」とのこと。僕は嬉しくなりました。

実際に行ってみると、「大木さんが打ち合わせ中に話されていた『心はいつも半ズボン』という気持ちがないとダメだなという思いが、わかったような気がします」と言ってくれました。「こういうことですか?」「こういうことなんですよ」と。「44歳になっても、ネッシーを見てみたいというこの気持ち、わかっていただけたこと、とても嬉しいです」と話した記憶があります。

制作スタッフの方も40代の方だったので、話がはずみました。「大木さん、じゃあ60歳で、還暦になってももう1回ネッシー見に行こうって言われたらどうしますか?」と言われたので、「半ズボンをはいて行くよ」と答えました。

「還暦になっても、ネッシーを見に行くチャンスがあったら行こうぜ！」という心が、「半ズボン」の気持ちを持つことだと思います。僕にとってはたまたまそれがネッシーだっただけで、みなさんにとってはそれが何になるかわかりませんが、それぞれで当てはめていただいて、ぜひ考えてほしいと思います。

還暦になってもぶらぶらする僕でいたい

人生は無駄なことで成り立っている

僕は20代からの一つの夢がありまして、40歳になってもスヌーピーのTシャツを着て、半ズボンをはいてリュックを背負って遊びに行くことをしたいと思っていました。20代のときのその決意も、40歳の誕生日のときに実行することができました。

「大人だからしっかりとしなきゃみたいな、自分からわざと老け込む必要はないかな」と思います。芸能界という世界はみんな若いですし、グッチがミッキーマウスとコラボしていたりするので、そうしたミッキーの服を着ている人はいるはずです。

僕の場合はそんなハイブランドでなくてもいいわけで、普通のミッキーのTシャツでもスヌーピーのTシャツでもかまいません。プロレスのTシャツなんかでもOK。そういう服をずっと着たいと思っています。

もちろん、仕事上必要であれば、僕はスーツを着ます。仕事ですから。しかし、気持ちとしては、半ズボンをはきたい気持ちを大切にしたいわけです。赤の他人様からしたら、僕のこだわりなどどうでもいいことだと思います。無駄なこだわりです。

しかし、「お笑い中間管理職」の僕としては、「無駄がない人生は伸び代をなくす。無駄な時間を、僕たちは大いにつくりましょうよ」と言いたいです。渋沢さんの言葉で言えば、「**人生は無駄なことで成り立っている**」、だから「心はいつも半ズボン」的な心を持ちなさいとお伝えしたいです。

30代初めの頃、「40歳過ぎたら、渋谷とか原宿に興味がなくなるのかな」と僕は思っていましたが、46歳になっても全然変わらずに、原宿にTシャツ姿で行ったりします。若い頃と同じように、渋谷・原宿をぶらぶらしているんです。

僕の娘はまだ5歳ですが、原宿に一緒に古着を見に行ける父親になりたい。僕が還暦のときに、娘は20歳を迎えます。同時に祝う感じです。スヌーピーかミッキーのTシャツを着ていられる60歳、それが似合うオヤジでいたいと思います。

芸能界のことを知らない方たちからは、「普段からいい思いをしているんだろ?」と思われがちです。たくさんお金が入ってきて、毎日、おいしいものを食べて、楽しく過ごしていると思われる方がいらっしゃるとすれば、それは幻想です。

しかし、テレビを見ていて、そう映るのは仕方がないことです。それはあくまでテレビの印象です。苦労がないと僕たちは残っていけない。そう見えてもいいから、「裏ではちゃんとやらなきゃな」という思いで生きています。

タクシーは使わない。発見の自由こそ宝

毎日、新しい何かを探そう

新型コロナウイルスの感染が世界の大問題になってから、僕は家で待機することが増え、自粛生活を過ごすことになりました。そのとき、僕は何もしないで休もうと思いました。あの頃、本も読まず、テレビも見ないで1日を過ごしました。本当に何もしない1日を何日も過ごしました。

すると、「何もおもしろいことが浮かばないんだな」と気づきました。

これはダメだと思い、若いときにテレビのあるディレクターから、「ネタは街に落ちているんだから、街に出ろ！」と言われたことを思い出しました。そう言われた僕は当時、「遊びに行けということか」と思い、「それでその街とは、どこか」と考えました。そのときの僕の場合、渋谷と原宿だったわけです。

それで、無理やり用事をつくり、少しずつ渋谷に行くようになりました。それからずっと渋谷・原宿で、今になってもたまにウロチョロしています。10代の子たちは、「またおじさんが無理しているよ」と思っているかもしれません。しかし、おじさんも原宿を歩く権利はあるのです。

竹下通りを見に行くこともあります。全品390円のお店があるのですが、雑貨とか何でも安く売っています。そこには10代ぐらいの女の子しかいませんが、そういうお店に自分のほしいものが見つけられるかどうかというのも、僕にとって「自分が半ズボンでいられるかどうか」という気持ちと同じです。

「ああ、ここにカトちゃんの店があったな」とか、「タレントショップが昔あったじゃないか、あそこに」という淡い記憶を辿りながら歩くのも、また楽しいことです。

しかし、原宿とは不思議な空間で、あれだけみんながワチャワチャしている横に、東郷神社があります。急に薩摩の西郷隆盛さんの後輩・東郷平八郎が神様として祀られています。僕のほうも少しモードが変わります。「東郷さん、僕は忘れませんよ。あなたがバルチック艦隊を破ったこと」と語りかけたりします。

意外とそんなふうに遊んでいる最中に、仕事についてのアイデアが浮かんだりします。仕事の会議中に思いつくこともあれば、遊んでいるときに思いつくこともある。だから、仕事に無関係なときに積極的にアクションを起こすことはとても大事なんです。

人間は歩いているときに頭が整理されると、心理学の先生がおっしゃっていました。確かに僕もそうかなと思います。散歩していて、いつもだと表参道駅から電車で帰ります。あ

郵便はがき

おそれいりますが
63円切手を
お貼りください。

1028641

東京都千代田区平河町2-16-1
平河町森タワー13階

プレジデント社
書籍編集部 行

フリガナ		生年（西暦） 年	
氏　名		男・女	歳
住　所	〒 TEL　　　（　　　）		
メールアドレス			
職業または学校名			

この度はご購読ありがとうございます。アンケートにご協力ください。

本のタイトル

●ご購入のきっかけは何ですか?(○をお付けください。複数回答可)

1 タイトル　2 著者　3 内容・テーマ　4 帯のコピー
5 デザイン　6 人の勧め　7 インターネット
8 新聞・雑誌の広告(紙・誌名　)
9 新聞・雑誌の書評や記事(紙・誌名　)
10 その他(　)

●本書を購入した書店をお教えください。

書店名/　(所在地　)

●本書のご感想やご意見をお聞かせください。

●最近面白かった本、あるいは座右の一冊があればお教えください。

●今後お読みになりたいテーマや著者など、自由にお書きください。

どうもありがとうございました。

るいは、表参道から渋谷までは、ちょうどよい距離です。その距離を歩くのを嫌がってはまずいな、と思っています。体のためにも、心のためにも、この距離は全然歩ける距離にしておかないとダメだと僕は思います。

芸能界でお金を持ち始めるとタクシーに乗ります。マネージャーと移動でタクシー乗車はよいですが、自分がプライベートで遊びに行っているのにタクシー移動だと、見られるものを全部見落とす可能性があります。新たな発見をみすみす逃してしまいます。「ああ、ここにカフェができたんだ」とか、「ここにあったアパレルショップ、潰れたんだ」とか、何かある。そういう小さな発見が大切です。

僕は何か一つ、仕事以外で楽しむことをしたいと思っていますので、この小さな発見は貴重なんです。渋沢さんが語る「**毎日、新しい何かを探そう**」を僕はこのように理解し、自分の感性を磨いています。

コラム④

渋沢栄一の好物と趣味

渋沢栄一はどんな人だったのか、その人となりをまずは好物から探ってみましょう。

朝に必ず食べていたというのが、大好物だったオートミールです。ミルクと砂糖を加えたものを大変気に入っていて、「あれを食べないと食事をしたような気がしない」と語っているほどです。海外に行ったこともある渋沢栄一らしい好物です。

夜は会食することも多く、日本食は常盤、新喜楽、瓢家の料亭で、洋食の場合は帝国ホテル、築地・上野の精養軒などに通うことが多かったようです。

渋沢栄一の好物として広く知られているのが、煮ぼうとうです。煮ぼうとうは渋沢栄一の出身地、埼玉県深谷市の郷土料理です。幅広の平麺を、深谷ねぎなどたっぷりの地元産の野菜と一緒に煮込みます。生麺から煮込み、とろみのついた醤油味の汁はやさしい味わいで、渋沢栄一は深谷市に帰るたびに地元の人たちと食べていたそうです。

現在、渋沢栄一の命日である11月11日には、深谷市内の小中学校で「渋沢栄一給食」が出されています。これは、地元の子どもたちに給食を通して渋沢栄一の生き方を学ぶきっかけにしてもらおうと始まった取り組みです。

煮ぼうとうと一緒に出されるのが、「ステンドグラスキッシュ風」です。渋沢栄一が訪れたフランスの代表料理キッシュをアレンジしたもので、好物だったジャガイモを使っています。特産品のほうれん草、トマトも入れることで、飛鳥山の邸宅にあった「青淵文庫」の鮮やかなステンドグラスを表現しているそうで、子どもたちにも人気があると言います。

好物とともに注目したいのが、渋沢栄一の趣味です。

「字を書く間、無心になれるのが大変愉快である」と述べていた渋沢栄一は書や詩作を趣味としていました。〝青淵〟の雅号で自作の漢詩や中国古典に由来した詩を数多く書き残しています。旅先や節目の時期など、タイミングを見ては詠んでいたようです。

2021（令和3）年のNHK大河ドラマは渋沢栄一を題材とした「青天を衝け」ですが、実はこのタイトルは、渋沢栄一が書いた漢詩から引用したものだそうです。

「勢衝青天攘臂躋　気穿白雲唾手征」（青空をつきさす勢いで肘をまくって登り、白雲をつきぬける気力で手に唾して進む）

まだ若かった頃、信州に藍玉を売りに行く道中、険しい内山峡（現在の長野県）を歩いたときに詠んだものです。逆境に負けず、新しいことに挑み続けた渋沢栄一の人生を表すような一作に感じられます。

第4章

ビビる大木セレクト 僕を鍛える言葉たち

言葉①

やれるところまで、妥協せずにとことんやれ。あとは天命に任せて悔やむな

自分のつくすべき事をつくして、それから先の運命は天命に委《まか》せよ。

【『渋沢栄一訓言集』一言集】

言われた打順で仕事をする

僕は、巨人軍の亀井善行選手なんです。いろいろな監督に僕は呼ばれて顔を出して、オンエアの仕方で、「今日、大木は8番で打ってくれな」「今日珍しく1番な」と言われると、「わかりました」みたいな、本当に日々打順が変わるわけです。

ときには、「とりあえずスタートはベンチにいてくれ」という場合もあります。途中で、

「大木いくぞ」ということもありますから、言われたとおりに対応します。

ですから、いろいろな打順、ポジショニングを経験することは、46歳の僕にとって、これからどんどん大人になっていくうえでは、プラスになることが大きいと思っています。


ただ、見る人によっては、器用貧乏と言ってくるわけです。こちらは器用貧乏ではなく、監督が望まれることに不器用なりに対応しているだけです。言われたら、とりあえず「やらなきゃな」と思うわけです。そのために、スタジオに行っているわけですから。

それで、器用貧乏みたいなことを言われると、「うーん」と唸り声を上げて、難しい表情の僕になっているはずです。

そこで、監督に言われたから今日は6番というときには、「じゃあ、プラスアルファで何をするか」ということなんです。そのプラスアルファが見つからないときもあるので、「ビビる大木、苦しむ46歳」になります。

これは、僕に限らず同世代のお笑い芸人たち共通の思いです。

器用、不器用。どっちでもいいが、「生きていかなきゃならん！」

「大木さんは、器用なんですか？」と雑誌の取材でも質問されることがあります。「僕、器用じゃないですよ、不器用な人間なんです」と答えます。仕事をしていても、「大木さん、器用だよね」と言われます。

たぶん、相手は好意的に言ってくれているのでしょう。そして、「ああ、器用に見えてるんだ。そうか、僕の裏の気持ちを知らないからそう見えているのかな」と思っています。しかし、問題は「器用か、不器用かの問題ではなく、どちらにせよ、生きていかなきゃならん！」ということです。

そうなんですよ、結局は。「器用であろうがなかろうが、生きていくしかない」という前提で、生きていく。そうなれば、努力するでしょう。ここに、お笑い芸人ビビる大木46歳の矜持があると思っています。

たとえ、今日の収録時にミスしようが何しようが、どっちにしろ、「生きていかなきゃならん」。ここで、日本中の「中間管理職」の方たちもそんな気持ちで生きているんだと思うと、勇気がふつふつと湧いてくるんです。

それから、「もう一つうまくいかないな」というときに、僕の友達のお母さんに昔、言われたことがあります。「失敗したって命とられるわけじゃないんだからいいじゃん、失敗ぐらいなんじゃ」と言われて、本当に気が楽になりました。その意味と同じで、渋沢さんのこの言葉も温かいなと思いました。

「生きていかなきゃならん！」という僕の内側から生まれる声なき声に、とことん努力して、あとは「天命に任せる」。

ありがとうございます、渋沢さん！

言葉②

形を真似るのではなく、優れたものの魂を真似よ

真似はその形を真似ずして、その心を真似よ。

【『渋沢栄一訓言集』一言集】

気づく、気づかない。これは人によってさまざまです。ただし、気づくことで、送るその後の芸能生活は全然違うものになると思います。その気づきによって得られた教えは、もうどこの世界でも通用する大切な教えです。

たけしさんもそうですが、「これからいい話をするぞ！」と言って話してくれません。100％、いつもさり気ない雑談の中に潜んでいます。その意味で、言葉もまた一期一会なのです。

「座っている椅子は特別なものだぞ」

ある日、たけしさんがテレビの番組でこんなことを話されていました。

「いいか、今日、俺たちはここで仕事をしている。俺たちがここに座っているということは、この椅子に座れなかった数百人、数千人の芸人がいるということだ。そんなことで成り立っている仕事なんだ、特にテレビの仕事は。選ばれた4～5人しか、そのテレビ番組には出られない。だから、俺たちが今、座っているこの椅子は特別なものだぞ」

僕はその話を聞きながら、「本当に、そのとおりだな」と思いました。たけしさんはその話をすることで、「変な話、別にその椅子は、おまえたちじゃなくてもいいんだからな」という、当然突きつけられるもう一つの本音に、僕たちは少したじろぎました。

たけしさんは勝ち残ってきた人でした。先ほどの話も勝ち残った人の発言です。しかし、それは決して悪いことではない。要は、座っている意味を考えながら、そこに感謝しながら、ずっと生きて来たんだということを、僕たちに教えてくれました。

魂を真似るとは？

座ることができなかった人とは、勝負すらさせてもらえなかった人ということになります。「おまえたちはまだ、勝負させてもらえる。椅子に座ったんだったら、全力でやらないとな」。テレビ画面の裏で、ときにはこんな言葉が生まれています。たけしさんとか、タモリさんになると、会話しなくても、その様子から語りかけられているような気持ちになります。

僕の場合は、少しだけまじめな話を聞いてみたくなります。たけしさんもまた、何かを持っている方なんです。やはり先輩たちは、僕たちが経験していないことを経験してきている人たちです。しっかりとした考え方、経験を持っている。その話を聞かせてもらえるうちは、聞いたほうがいいと思います。

ところで、渋沢さん、「魂を真似る」とはどういうことでしょうか。

「……」

渋沢さんは沈黙するばかりで、何も答えてくれません。

「『それぐらいは、自分で考えろ！』という意味でしょうか」

「そうだ。答えとは常に、足許にあるものだ」

「……」

「大木くん、君が沈黙してどうする。たけしさんの先ほどの話を聞いたときに、どうした。いい言葉だなと思いながら、どうした。頭の中で反芻しただろう。人によっては、その言葉をメモし、事あるたびに、メモに書かれたその言葉を見つめ直す。つまり、その言葉にとらわれることだ。その繰り返しを重ねるうちに、大木くんの心の中に、たけしさんの言葉が住みつくようになっていくのだ」

「渋沢さん、ありがとうございます。渋沢さん、あなたはひょっとして松陰先生ではないですか」

「違う、失礼な。私は渋沢栄一だ」

言葉③

心を常に楽しもう。成功はその結果である

たとえその事業が微々たるものであろうと自分の利益は少額であるとしても国家必要の事業を合理的に経営すれば心は常に楽しんで事に任じられる。

【『渋沢栄一伝記資料』青淵百話】

僕たちの社会貢献って？

「お笑いや芸人にとっての社会貢献とは？」という質問を以前、受けました。雑誌の取材でしたが、「いきなり、難しい質問するね」と言った記憶があります。

自然災害などがあると、お笑い番組は意外なのですが、後回しにされがちになります。理由は、「そんなことをしている場合じゃないだろう」と、視聴者から言われるからです。

しかし、「そんなことをしている場合じゃない」ときこそ、笑いは必要だと僕は思っています。笑いやユーモアがないと、心に余裕がドンドンなくなっていくと思うのです。僕たち芸人は、非常時こそ笑いで貢献できると思っています。

コロナ禍においても、さまざまな文化イベントが中止になりました。日常生活から音楽や芝居にライブなどが消えてしまい、文化芸術が衰えると国が衰えるのかなと感じるほどでした。このたびのことで、文化に関わる仕事は社会には必要だということを、3・11以来9年ぶりに感じました。

このコロナ禍の後、「お笑いも、音楽もいらないよ」と思っている人はさすがにいないと思います。何かきっかけがないと笑えないものです。笑いたくないという人間はいないはずです。

竹下通り散策は恥ずかしい？

これも同じく雑誌の取材で、「散歩」が話題になりました。このときに僕は、「渋谷とか原宿を歩くのが好きですね」と答えたまではよかったのですが、「竹下通りも散策しますよ」と答えると、女性の記者が「嫌だ〜！」と一言。その「嫌だ〜！」に、僕は表情を変えずに、心の中で落ち込みました。

僕は全然気にしてない風を装い、「竹下通りで雑貨を見ながら、ぶらぶらしているとすごく楽しい」と話しました。彼女はボイスレコーダーを見つめつつ、メモをとっていました。まるで、「ボイスレコーダーよ、止まれ」と念じているようでした。

しかし、僕は頑固です。第3章でも書いたように、竹下通り散策をやめるつもりはまったくありません。このご時世、「自分が人生をどう楽しむか」という、いわゆる他人軸ではなく、自分軸があることが大切だと思っています。うん。

言葉④

自分で箸を持とう

かくお膳立をして待っているのだがこれを食べるか否かは箸を取る人のいかんにあるので、御馳走の献立をした上に、それを養ってやるほど先輩や世の中というものは暇でない。

【『論語と算盤』立志と学問】

松陰先生の言葉を思い出した！

「なぜ、松陰先生がここで登場する？」と渋沢さんは何やら不機嫌そうです。いやいや渋沢さん、序章でも触れましたが、「学んだことを実行に移さないと意味がない」、つまり自分で考えて、自分で行動してみないと意味がないと松陰先生はおっしゃっています。そのことに通じるかなと思ったんです。

「自分で箸を持とう」という言葉は、実に渋沢さんらしい言葉です。

渋沢さんはその意味を、「その人に手腕があり、優れた頭脳があれば、若いうちから世間が放っておくことはない。官庁も、会社も、優れた人物を欲しているのだ。だから、周囲の人間が、このように人材登用のお膳立てをしてくれる。このご馳走を食べるかどうかは箸を取る自分たちの気持ち次第でしかない。ご馳走の献立をつくり、そのうえ口に運んでくれるほど、世の中はそんなに暇ではないのだ」と語ります。

そして、渋沢さんは仕事論を展開します。その仕事論の肝は、「小さなことは分別せよ。大きなことには驚くな」と語っています。どんな仕事でも、商売でも、軍務でも、最初は何事にもこの考え方でなくてはならないと注意を喚起しています。凡事徹底、仕事のキレは、細部に宿るものなのです。

指名は最高の成功報酬だ

フジテレビのとある番組に、ゲストの叶姉妹さんが自身の本の告知のために出演していました。

制作スタッフの方との打ち合わせ時に、叶姉妹さんから「自分の本を自分で告知するのは、なんかとてもやりにくいわ」という話があり、叶姉妹さんが「だったら、大木さんを呼んで、大木さんに告知してほしい」と言ったそうです。

そこで、僕が呼ばれました。番組の終わりだけに出て、「ということで、叶姉妹から本が出ました」と告知して帰りました。すると、中山秀征さんから一言。

「大木、おまえ何しに来たんだ⁉」

指名されるというのは、最高の成功報酬ですね。こうした仕事のギャランティは安いものですが、僕はそうした仕事ほど頑張る体質です。少なくとも、その精神は持っていなくては、といつも思っています。まさに、渋沢さんがおっしゃっている「相手が利することも考えよう」という精神でした。

僕は意外と他人軸で仕事をしてきた時間が多かったので、自分軸をもう一度、持たなくてはと思いつつ、他人軸のことも考えてしまいます。

言葉⑤

人は理想を持たねばならぬ、その理想の実現が人の務め

およそ目的には、理想が伴わねばならない。その理想を実現するのが、人の務めである。

【『渋沢栄一訓言集』処事と接物】

「主義ある行動をとる」

仕事には理想があり、仕事をしつつその理想に向かっていくのだと思います。あるいは、人によっては仕事をやりながら、理想が見えてくることもあります。僕は20歳で芸人を始めましたが、その頃はインターネットも今ほど普及していなくて、テレビかラジオに出演するのが仕事のメインでした。

しかも、「有名になるにはテレビのほうがいい」という雰囲気がまだ色濃くありました。ゴールデンタイムで冠番組を持つことが成功だと多くの人が感じていました。ラジオでは、「オールナイトニッポン」をやらせてもらえたら、「ありがたいお仕事だな」と思われていた時代でした。そういう時代を見て育ち、僕は1995（平成7）年に、この世界に飛び込みました。

ところが、仕事をやっていくうちに、テレビ・ラジオ・インターネットの関係がゴチャッとしてきました。そのうちに考えが変わってきたからか、当初の理想を追い続けていましたが、次第にそれは理想ではないということになりました。目指している世界が変わり、芸能界の中で変化が起こってきたからです。

46歳になり、芸人を続けることの大変さを思いつつ、これからのことを考えるとどうでしょうか。

運が良いことに、僕は芸人を辞めたいと思ったことがありません。相方は27歳のときに芸人を辞めました。コンビを解散したのです。7年ほど一緒に活動してきて、相方は引退しました。

相方の芸能界での仕事ぶりと世間の認知度は、少しズレていました。芸能界的には、「あいつ、けっこう頑張ってテレビに出ていたよな」という評価でしたが、普通の人と話すと「え、よく知らない」と言われました。業界内では、「こいつは来ているな」ということを何となく察した後に、世間の気にしていない人たちの間に認識が広がるという感じです。

コンビを解散するとき、僕たちには仕事がありましたし、給料もそれなりにもらっていました。その状態で、「僕、引退する」と相方が言ってきたので、「あ、こいつの決断は、お金に困って辞めるわけじゃないな。ちゃんと考えがあっての決断だな」と思いました。

これはこれで一つ素晴らしい決断だなと思いながら、「じゃあ、おまえがそう思うならいいんじゃないか」と、僕は言いました。

僕の相方にとっての18年

僕は芸能界に残りましたが、相方はレストランで働いたり、芸能プロダクションでマネージャーをしたりと転職を繰り返し、結局、今はテレビの番組制作会社の社長になっています。番組制作会社は、彼が自分で立ち上げました。

僕は芸能界に残ることだけが成功じゃない、と相方を見ていて感じます。自分で一つのお城を建てた人間なんです。

「続けることだけが素晴らしいということでもないな」とも感じます。問題はその続け方だと思います。一つのことをずっとやるというと、みんなから素晴らしい、美しいと思われがちですが、「いや、そうじゃないことがいっぱいあるぞ」と思うのです。

相方は転職を重ねながら、自分の城を造りました。造るぞという気持ちを持って、その気持ちの中に自分の理想を入れ込んで、相当エネルギーを使ったと思います。

社長になってからのほうが大変だろうから、いまだに苦労はあると思います。しかし、何もなくなってから次の行動をとるよりも、相方のように余力がある段階で次の行動に移してみるというのも、一つの手かなと思います。

僕はこの世界しか知らないですが、前職で仕事ができた人は次の転職先でも仕事ができるはずです。ダメなヤツが次の会社で急に社長になることはないわけです。

今の仕事が嫌だなと思っても、そこで一つカタチをつくり、小さくてもいいので成功させてから、次の職に移るほうがその人のためだと思います。

コラム⑤

尾高惇忠先生と渋沢栄一

一緒に倒幕を計画するなど、若き日の渋沢栄一に多大なる影響を与えたのが、10歳ほど年上で漢学者の従兄・尾高惇忠でした。「今日の自分があるのは尾高先生の教えのおかげである」ということを伝える〝藍香《らんこう》（＝尾高惇忠）ありて青淵（＝渋沢栄一）あり〟という渋沢栄一の言葉からも、その信頼の厚さがうかがえます。

尾高惇忠の思想の中心は、陽明学の知行合一の教えです。この文字を自ら書した軸を学舎に掲げ、私塾「尾高塾」の基本方針とし、近郷の人々に学問を教えていました。渋沢栄一も、幼い頃よりこの「尾高塾」へと通い、漢学などを学んだとされています。

戊辰戦争の折には箱館まで転戦するなどしていた尾高惇忠ですが、1872（明治5）年、大蔵省官僚となった渋沢栄一との縁から官営富岡製糸場の創設に携わり、初代場長に任命されます。このとき、「至誠如神《しせいじょしん》」（至誠は神の如し）の四文字を大書した額を掲げ、製糸場の運営方針にしたそうです。

創業前に工女を募集したところ、応募者が一人も集まらないという事態に陥ります。当時14歳だった尾高惇忠の娘・勇は、工女が集まらずに悩む父の姿を見て、自ら進んで「工女第1号」になることを申し出ます。これを機に、工女に応募する者が増えていきます。

このとき尾高惇忠は、工女の募集を武家や良家の娘たちに限定したそうです。誰でも入れるところではないと、あえてハードルを高くしたことで、全国から応募者が殺到するようになったのです。

工女たちには、製糸の仕事とは関係のない一般教養も教えていたと言います。尾高惇忠は欧州帰りの渋沢栄一から現地の子女教育についての知識を学んでいたため、工女たちが後に指導者になるためのリベラルアーツ教育を施していたのです。

さらに、工女たちの労働環境を整えました。労働時間は1日8時間ほど、残業はなし、日曜・祭日は休みで、年末年始の休暇に加え、夏季休暇もあったそうです。食費、寮費、医療費は製糸場が負担し、制服も貸与されていました。当時としてはどれも画期的な取り組みで、富岡製糸場で働く工女たちのステイタスを上げる要因となりました。

富岡製糸場の生糸はウィーン万国博覧会で品質面を高く評価され、世界的に認められることとなります。富岡製糸場の発展は、その草創期に尽力した尾高惇忠の貢献が大きいと言えるでしょう。

言葉⑥

素直に望み、奮励努力すれば、運命は開ける

自分からこうしたいああしたいと奮励さえすれば、大概はその意のごとくになるものである。しかるに多くの人は自ら幸福なる運命を招こうとはせず、かえって手前の方から故意に佞《ねじ》けた人となって逆境を招くようなことをしてしまう。

【『論語と算盤』処世と信条】

野村沙知代さんに憧れて

野村克也さんは45歳で現役引退されて、その翌年から野球解説者をされ、10年後の55歳のときにヤクルトスワローズの監督に就任しました。野村さんがヤクルトの監督に就任できたのは、野球解説者の仕事をしつつ、監督として成功するために10年かけてその準備に取り組んだからです。

その間、奥様のサッチーこと野村沙知代さんの陣頭指揮のもと、野村さんは中国古典やビジネス書など、読書を習慣化されていきました。野球解説は聞いていてさすがにおもしろいけれど話に奥行きが感じられないのは、またひっきりなしに呼ばれる講演会の評判がいまひとつパッとしないのは、言葉を知らないからだと看破した沙知代さんは、野村さんに「本を読め、読め」と言われたそうです。

その陣頭指揮が間違っていなかったのは、野球解説はもちろん、講演会も次第に評判がよくなっていったからです。「本を読めば、講演会でもうまく話せるようになるわよ」と、野村さんに勧めました。この読書が監督になってからも活きたと言います。

野村さんには、沙知代さんという名監督がいて、まさに二人三脚で奮励努力したことになります。テレビを見ながら、僕も怖いなと思いましたが、大人になってから考えてみると、結局、結婚するのなら沙知代さんのような奥さんのほうがいいのではないかと思うようになりました。

僕の沙知代さんは「なんくるないさ」

僕のワイフについて触れます。ワイフは沖縄の人で、「なんくるないさ（何とかなるさ）」

精神が人一倍強い、しかしとてもかわいい女性です。マイナス思考の僕にとって、「なんくるないさ」という音に触れると、それだけで気分が楽になる気がします。

僕が結婚したのは38歳です。ワイフは僕より11歳年下です。40歳で子どもが生まれ、初めて父親になりました。

第2章で、ある日の夕飯は「アンパンとあんみつ」の話をしましたが、他にもこんなことがありました。「今日は家で夕飯を食べれるかな」と思ったので、「今から帰るけれど、夕飯何かな?」と聞くと、「今日は、たい飯!」と言うのです。

僕は「え?」と驚きました。これまで1回も出たことがなかったメニューでした。「いつの間に鯛飯をつくれるようになったんだ。すごいな、鯛飯なんて」と感動してしまいました。

何度かロケで鯛飯を食べたことがありましたが、まさに職人技を必要とする一品でした。「あんなうまいものを家でできるのか」と思い、「鯛、買ったのかな?」「土鍋は確かうちにあったけれど、あれをどうにか使ってうまくやってるのかな?」と期待は膨らみ、わくわくしながら帰りました。

ところが、食卓を見ると、見当たりません。ワイフに、「あれ、鯛飯は?」と聞くと、「これだよ」と言って出てきたのはタイ米で炊いたご飯でした。うん、まさに「タイメシ」。ネタではなく、本人はガチンコで、タイ米のことをタイ飯だと思っていたのです。

「え、これタイ飯って言わないの?」
笑いという最高の一品を頂戴しました。
僕は最近、もちろん奮励努力もしますが、ワイフの「なんくるないさ」で素直に運命が開いていきそうな気がしています。渋沢さん、夫婦で協力し合っての運命との出会いもありですよね。

言葉⑦

強情を通すわがままを元気と誤解するな

人と争って自分が間違っておっても強情を張り通す、これが元気がよいと思ったら大間違いである。

【『論語と算盤』人格と修養】

勘違い「天狗」も元気

渋沢さんは、「元気」をどう考えていたのでしょうか。『論語と算盤』を、僕も読みましたが、自分の理想や信念という目に見えない価値を、時間をかけて、苦労しながらも、仕事で、あるいは家庭で目に見えるカタチにする強い意志を「元気」と考えていたような気がします。

渋沢さんの言葉の意味とは少し変わってしまいますが、僕たちの生きる芸能界で言うと、若い頃は少し売れ出したら天狗になってもいいと、僕は思っています。ただし、この勘違い、天狗になっていたことを、しっかりと気づければというのが前提です。「そういう天狗になる元気さは持っていてもいいんじゃないかな」と思います。

しかし、それだけでは、前に進めなくなる時期が必ず来ます。そこで、気づくことがとても大切なように思うんです。どこで気づけるかというのが、僕はその人の人生の大きなポイントかなと思います。

言葉⑧

目的通りにいかない時は、まだ時は至らぬという気持ちで勇気を持って我慢しよう

よく事を通じて、勤勉であっても、目的通りに事の運ばぬばあいがある。これはその機のいまだ熟せず、その時のいまだ到らぬのであるから、ますます勇気を鼓して忍耐しなければならない。

【『渋沢栄一訓言集』処事と接物】

我慢もまた器量である

新しい価値観ががんがん日本に入ってきた時代が、明治時代でした。渋沢さんは新しい価値観が入ってきた明治という時代を、よく理解されていたのだろうと思います。求められるのは、切り替えだと思います。渋沢さんは新しい価値観への順応力がとても高かった方だったと言えます。

時代が変わり、徳川幕府はなくなってしまいました。暮らしている僕たちの生活は変わらないけれど、何か世の中が変わったと察して、渋沢さんは考えて行動されていたと思います。渋沢さんのすごいところは、多少不愉快なこと、思い通りにいかないことがあっても、耐えること、我慢することを知っていたということです。

だから、渋沢さんは適材適所ができたとも言えます。

ジョン万次郎さんもそうでした。明治時代を先取りした彼は、時至るまで、その場でできることを120％努力しました。アメリカでは航海士になるために、寝る間も惜しんで勉強しました。望郷の念を押し殺し、目先の現実と向き合いました。その姿勢があったので、アメリカにおいても彼は人から信頼されたと思います。

「反省はするが、後悔はしない」

実は、ビビる大木の座右の銘はいくつかありますが、その一つに「反省はするけれど、後悔はしない」というのがあります。

僕もまた当然ですが、失敗をしたり、悪いことをしたら反省というよりも猛省するタイプです。ただし、後悔ばかりしていると、その出来事を引きずったまま前に進むことができなくなりますので、後悔の念に蓋をして我慢して、抱え込んで前に進んでいきます。

僕は昭和49年生まれですが、その前後に生まれた方たちは、学生時代にバブルが崩壊し、社会に出る頃には景気がだんだん、だんだん下降気味になっていた時期でした。給料は上がらずに、キャリアだけ重ねてきたわけで、あとから入って来た社員たちのほうが、給料がよかったりしませんか。そんな経験を、みなさんもされているはずです。

つまり、恵まれていない社会環境の中で、僕たちは社会人になりました。僕はたまたま自由業を選択しましたが、会社に勤めていらっしゃる方は本当に大変だろうと思います。

その意味で、僕たちの世代は、同世代の方とお会いすると、「今踏ん張って行こうじゃないか。僕たちの世代、いい思いをしたことはないけれど、僕たちだって、何もしてないわけはない」という気持ちで、耐えながら生きています。

言葉⑨

知るより好く、好くより楽しむ。楽しむになると、困難にあっても挫折しない

ただこれを知ったばかりでは、興味がない。好むようになりさえすれば、道に向かって進む。もし、それ衷心《ちゅうしん》より道を楽しむ者に至っては、いかなる困難に遭遇するも挫折せず、敢然として道に進む。

【『論語講義（二）』雍也第六】

三つ目の座右の銘

僕は欲張りですね。座右の銘がまだありました。

僕がすごく好きなのは、幕末もそうですが、プロレスもまた好きなのです。ジャイアント馬場さんが全日本プロレスのモットーとしていたのが、「明るく・楽しく・激しく」です。

僕はこの言葉が好きで、座右の銘にしました。

全日本プロレスも見ていましたが、僕は新日本プロレスをよく見ていました。見ながら、「明るく楽しい戦いとは何だろうな」と考えていました。プロレスファンの方たちは、「もっとヘビーで、殺伐とした試合を求めているのではないか」と思っていたからです。

大人になり、40歳を過ぎたあたりから、「猪木さんと馬場さん、僕は両方好きですが、馬場さんの存在はやはりすごかった」と思うようになりました。ですから、「明るく・楽しく・激しく」という意味合いも、「明るく楽しくして、そこに激しさがあるといいよな」と、40歳を過ぎてからしっくりしてきました。その激しさの中に、馬場さんは強さとか、ときにははみ出す意味も含んでいたのではないかと思います。

馬場さんは、ルールを破った人間をあまり好きではなかったようです。ギャンブルばかりしていた選手をクビにするなど、「レスラーである前に、人であれ」と語っていました。もともと巨人の投手でしたから、そのようなことをおっしゃるのだと思います。

猪木さんはモハメド・アリや柔道家と試合をすることで、プロレス界に異種格闘技を持ち込みました。馬場さんも異種格闘技を1試合だけやりましたが、基本、馬場さんは猪木さんが異種格闘技に走ったので、プロレス道に突き進みました。

「向こうが格闘技的なことをやるなら、こちらは純プロレスでいこう」と思ったに違いありません。途中から、一切、格闘技を入れなかったのです。

ライバルは理想を高める、純化させる

たぶん猪木さんが考えたプロレスを実践しなかったならば、馬場さんはどんなプロレスをしていたか、わからなかったのではないかという気がします。お互いが影響し合うことで、あのようになったのでしょう。猪木さんの異種格闘技があったから、馬場さんは純粋にプロレス道に進むことができたとも言えます。

僕の想像ですが、「明るく・楽しく」の中には「正しく」という意味も入っていたのかもしれません。

僕もネタでたまに使うのですが、「たかがビビる、されど大木」というのも、座右の銘になりそうな気がしています。自分の芸能生活はその一言に尽きるかなと思うからです。

巨人軍のエースだった投手の江川卓さんの書籍に、似たようなタイトルの書籍がありました。『たかが江川されど江川』。その書名が僕の頭に残っていました。名球会入りの条件である200勝投手ではありませんが、江川さんは高校時代から「怪物」でした。全盛期の日米野球では、大リーガーの打者から、三振をガンガン奪っていました。

「ビビるだけど、されど大木だな」とは、その上と下の芸人に挟まれた人間の哀愁が世に

伝わればと思い、使い始めました。まさに、「お笑い中間管理職」の独白です。

言葉⑩

知識を授ける教育だけでは、いちいち上の指示を待ち、チャンスを逃す人間になる

教育のやり方を見ると（中略）単に智識を授けるということにのみ重きを置き過ぎている。（中略）実業の方では、軍事上の事務のように一々上官の命令を待っているようでは、とかく好機を逸し易い。

【『論語と算盤』教育と情誼】

若手だった僕の買い出し体験!!

芸人の世界は、子どもたちにとって多くの「学び」がたくさんあるような気がします。僕

たちの仕事は、己の生き様込みの総合力で切磋琢磨する仕事です。ボーっとすることが許されない緊張感のある現場です。

子どもたちだけではありません。将来、経営を任される企業の後継者である2代目、3代目の「若旦那」の方たちにも、叩き上げる厳しさ、体で覚える学びがありますので、もうお坊ちゃんでいるのが許されない世界です。親がいつでも介入できる現場ではありませんので、後継者を育てるには最適な場所だと思います。

芸人後輩時代の僕は、先輩から見たら一番の下っ端だったので、朝、先輩に会うたびに、「ちょっと大木、スポーツ新聞を買ってこい」とよく言われました。「わかりました」と走って買いに行きました。周りの後輩たちも同じように頼まれて、スポーツ新聞を買いに行きました。

僕はそういう光景を見ていて、「何かないかな?」と思っていました。頼まれているのはスポーツ新聞だと思いながら、「スポーツ新聞を買ってこい」と言われたので、「スポーツ新聞、買ってきました」ではあまりに芸がありません。

朝だったので、「プラス飲み物かな」と思いました。先輩が飲むか飲まないかわかりませんが、その先輩に飲むヨーグルトを買いました。朝だから、食べるよりは飲んだほうが楽そうかなと思ったからです。

スポーツ新聞を買い、先輩芸人に、「ちなみに飲むヨーグルトも、もしよければ」と言うと、「あ、いいね」となったんです。そのとき、僕は20代前半。「あ、ひょっとしたら、これが仕事なのかな」と感覚的にですが、とっさに思ったことを覚えています。

「このプラスアルファというのが、大事なんだ」「これが仕事なんだ」と思いました。頼まれたことはもちろん大事な仕事ですが、それは当たり前の話で、さらにプラスアルファで自分に何ができるかを考えることが、僕の仕事なんだと思ったのです。

そのことを「買ってきてくれ」というちょっとしたコンビニへの買い出しで気づかせてもらいました。気づかせてもらって、その1回の経験が、一生忘れられない教えに変わりました。

そうすると今度は先輩も、「大木はある程度わかって動いてくれるから」ということで、自分の仕事に呼んでくれるようになりました。

しかし、今度は自分が先輩になったときに、後輩芸人に教えることがとても難しいのです。後輩芸人に、「○○買ってこい」と頼むと、その後輩芸人のいろいろな点に目がいってしまいます。自分が若い頃に気づいていたことが、後輩は気づけませんでした。「20代の僕は気づいて動いていたけれど」ということが、たびたびありました。「あ、動けないんだ」という何か余計なことに気づき過ぎるので、どうも疲れてきます。後輩を育てることの難しさに直面している40代の僕です。

コラム⑥

新撰組局長・近藤勇と渋沢栄一

新撰組の近藤勇と、渋沢栄一。幕末という同時代を生きた二人ではありますが、一見何の接点もないように思われます。しかし、実はいくつかの共通点があるのです。

まず、二人は同じ武蔵国出身で、農民の出です。それぞれ剣術道場へ通い、武芸に励んだとされています。ともに尊王攘夷の思想を強く抱き、近藤勇は門人とともに浪士組に入り上洛を果たします。渋沢栄一が同志とともに倒幕を計画したことは第1章で触れたとおりです。

その後、近藤勇は幕府の命で京都の治安維持のために結成された新撰組の局長となり、渋沢栄一は一橋家に仕えることとなります。二人とも、結果的に幕府に仕えることになったのです。

さらに、近藤は幕府のために戦い、死をもって忠義を尽くしました。渋沢栄一はパリに渡っていたため戦死するようなことは免れましたが、もし日本に残っていたら、やはり幕府に忠義を貫き亡くなっていたかもしれません。

渋沢栄一は後年、近藤勇に二度会ったことがあると話しています。そのときに、近藤勇がどんな人物だったかを次のように書き記しています。

「幕府の末路に勇名を轟かした新撰組の近藤勇は、今でも一般から暴虎馮河《ぼうこひょうが》の士であつたかの如くに視られて居るが、同人は世間で想ふやうな無鉄砲な男では無かつたのである。私より僅かに五六歳ばかりの年長者であつたに過ぎぬが、維新頃は只今と違つて五つか六つも齢が上だと、余ほどの年寄であるかの如くに考へられて居つたものだ」

6歳年上だった近藤勇を、世間一般に印象付けられたような血気盛んで無鉄砲な人物ではないと否定しています。新撰組は当時、市中で騒動を起こしたり、内部抗争やその粛正などが頻発していたことが知られていたため、世間からは素行の悪い武装集団として恐れられていたのです。さらには、

「会つて見ると存外穏当な人物で、毫も暴虎馮河の趣なんか無く、能く事理の解る人であつたのだ」

と、穏当で理解のある人物だったと記しているのです。実際に会ったのは二度だけでしたが、それでも渋沢栄一が近藤勇の人となりを評価していたことが伝わります。

農民から武士になることに憧れていた近藤勇と、身分制度に疑問を持っていた渋沢栄一。まったく違う道を歩むことになった二人ですが、差別のない自由な社会を夢見て武蔵国から飛び立っていった若き日の後ろ姿、その志は同じであったと感じます。

BIBIRU OKI × SHIBUSAWA EIICHI × BIBIRU OKI × SHIBUSAWA EIICHI

第5章

ビビる大木セレクト「僕、どう生きる？」に答える言葉たち

言葉①

人間の根本にあるのは「愛」と「善」

いずれの教えにしろ、人間の根本性について説くところは『愛』であり、『善』である。

【『渋沢栄一訓言集』座右銘と家訓】

渋沢さん、21世紀の今、現実的ではない言葉だと思います

この言葉、渋沢さんがおっしゃるとおりなんです。しかし、渋沢さん、僕たち21世紀の日本人は、3・11のときに体験してしまったのです。ですので、「渋沢さん、これもう理想です」とだけ言わせていただきます。

やはり、日本は性善説で進めてよいものと、よくないものがあると思いました。原発というシステムは、性善説で進めていくと、必ずよくないことが起こりますから要注意です。

この国の組織で物事を進めていくものは性善説に立たずに決めたほうがよいと、僕は思います。

性善説でつくっていくと、3・11もそうでしたが、故障するはずのない原発が故障し、僕たちはその映像を見てしまいました。ゾッとしました。もう無理です。

性善説は素晴らしいですが、人間はそこに甘えてしまうのでダメなんです。21世紀の僕たちは、「何かやらかすヤツがいるぞ」という疑いは持ったほうがよいのかもしれません。日本人が組織をつくると必ずいるんです。やらかすヤツらが。僕たちは、そうした人間がいること込みで理解する必要があります。

「まさか」という坂は怠慢です。「まさか」という坂はないと誰もが断言できないのです。今年だって、新型コロナウイルスでオリンピックが延期になるなど、本当にまったく想像もしていませんでした。せいぜい6月末ぐらいには収束するだろうと思いながら、10月現在もまだ続いています。

渋沢さんがおっしゃることは、僕たちの理想ではあります。本当に愛と善はあってほしいです。「個人にはまだあるのかな」と思いますが、組織のように大きなシステムだと無理です。何もなければ、愛と善はあるかもしれませんが、そこに利害が絡み、「じゃあ、原子力発電所をつくりましょうか」となると、急にそこには愛と善ではないものが前面に出てきます。
システムが性善説のうえで成り立っているという仮説は、消滅したと思います。性善説の裏に何か隠しています。隠し事が多いのです。「消えた年金」のときもそうでした。年金も結局、問題は何も解決していません。ニュースが取り上げなくなっただけで、何も解決されていない。僕たち国民は悶々としながらも、先送りされたのでした。

言葉②

結末よりも過程が大切である

末期における教訓が尊いというよりは、むしろ生前の行為こそ真に崇敬すべき。

【『論語と算盤』人格と修養】

手柄は譲っても、見ている人は見ている

お笑いの世界にも、笑いのアシストというものがあります。しかし、このアシストは芸人にとっての手柄である「笑い」を、他の芸人に譲ることを意味します。僕からすると、痛し痒しでもあります。

僕としては、「この時点で自分が笑いをとるよりも、アシストしたほうがより大きな笑いになる」と、とっさの判断でアシストしています。僕の心の中では、渋沢さんや松陰先生が話すように、「あとは誠心誠意、頑張るしかない」という精神論になってきます。

ただ、そのあたりの目に見えないものに突き進む感じは、正直、最初の頃は苦しかったです。でも、「この笑いの手柄は自分の手柄だ」と思っています。

たとえば、第三者がいて、その人の手柄にしたほうが丸く収まるのなら、「それでもいいかな」と考えるようにもなりました。

ただ、アシストした相手が、「いや、これは俺の手柄だろう」と思っていることもあると思います。そのときに、周りで見ていた人たちに、「えっ、あれ、大木だよ」と思ってもらえたら、それでいいかなと思うのです。

これもまた僕の仕事の一つだと最近、割り切りました。万が一、周りにそういう理解をしてくれていた人がいたならば、ラッキーと思っています。

しかし、「見ていてくれる人はいる」という気持ちを持てると、心強いです。「その手柄はどうぞ」というスタンスでやっていけます。

言葉③

報酬のためだけに商売をしてはならない。そこに必要なことは自分への誇りである

単に自己の利益のみを主とし、利益を得んがために、商売をなすというならば、すなわち報酬を得たいために、職務を執るというに同じく、つまり報酬さえ得れば、職務はどうでもよいことになる。

【『渋沢栄一訓言集』道徳と功利】

芸能界での「お金の話」は⁉

僕は自分の仕事を、金額を基準に選ぶことはしないという話をしました。その仕事にやりがいがあるか、ないかだと思っています。僕の美意識的に大っぴらに言うことはありませんが、今はこの姿勢を貫いています。

僕が芸能界に入った25～26年前は、「好きなことをやっているのだから、金じゃないよな」と自分が語るのではなく、人に言われることが多かったです。人に言われて、安い金額で押し切られる毎日でした。

「この仕事、いくらですか?」と、たとえばマネージャーに聞くと、「いや、好きでやっているんだから、金じゃないだろう」みたいに言われるのです。「タダでも行きたいんだろう?」と言うマネージャーもいました。こうした教育を擦り込まれ、抑え込まれた感じです。

だから、「本当にお金のことを言うのはよくないのかな」と思うようになりました。「確かに好きでやっているのは事実だし、何もしないで家にいるよりは、タダでもいいから仕事をしているほうが自分の勉強にもなるよな」と勝手に思い込んでいました。

しかし、仕事をしたのだから、仕事をした分だけのギャランティをもらわないと、「これは仕事じゃないよ」とも考えるようになってきました。働くことへの誇りが出てきたのかもしれません。

芸能界自体が、「カネの話は言うなよ」という感じでした。「売れりゃ、稼げんだからよ」という理屈でアバウトに丸め込まれていたのです。

もともとどういう世界かよく知らずに入っていますから、そういうものだと思い、過ごしていました。ただ、情報と知識は後から入ってきます。ですから、「あれ？」「あれ？」と疑問に感じることがどんどん増えていきました。

永ちゃんが、「当然、話すべきだ」と教えてくれた！

今はお金の話も透明になっています。僕は歌手ではありませんが、矢沢永吉さんの言葉に背中を押されました。「プロなんだから、ギャランティを大切にしろよ」というインタビュー記事を読んだときに、「あ、そんな堂々と言う方がいるんだ。永ちゃん、さすがだな！」と思ったのです。

僕は我慢していましたが、「お金のこと、言っていいんだ」「我慢しなくていいんだ」という気持ちになりました。「プロなんだから、ちゃんとギャラもらわなきゃ。プロなんだから、ちゃんと金を稼ぎたいと思って当たり前なんだよ」と。

日本人は、江戸時代までは士農工商で商人が一番下でした。お金は卑しいものとして扱うわりには、みんなやたらとお金をほしがっていました。しかも、その商人にお金を借りる武士がいたり、借りているくせに商人を見下す武士がいたり……。確かに今考えたら、「何じゃそりゃ！」と言いたくなりますね。

僕は渋沢さんの言うとおりだと思います。お金を稼ぐことが卑しいなんて思う必要はないと思います。

コラム⑦

元勲・西郷隆盛を叱った渋沢栄一

一橋家の家臣として、当時24歳の渋沢栄一が西郷隆盛に会ったのは幕末の頃でした。西郷隆盛は36歳、すでに尊王の志士として名の知られた存在になっていました。

当時の志ある青年の間では、有名な人たちを訪ねて見識を聞き、時事を論じ合うことが流行っていました。渋沢栄一もまさにそんな若者の一人で、相国寺に宿をとっていた西郷隆盛に会いに行ったのもそれが理由だったと言います。

西郷隆盛のもとには大勢の若者が訪ねて行ったそうですが、渋沢栄一を気に入ったようで、「ときどき遊びに来るがよい」と言って可愛がり、実際に渋沢栄一は数度訪問したとされています。そのときに、「今晩は鹿児島名物の豚の肉を煮るから、晩飯を食べていかないか」と勧められ、同じ豚鍋に箸を入れて食事をともにしたこともあったそうです。

いつも親切で誰にでも裏表のないさっぱりとした態度をとっていた西郷隆盛を、渋沢栄一も尊敬し慕ったのは当然のことでしょう。後年、渋沢栄一は西郷隆盛を「器ならざる者」と高く評価しています。「器ならざる」とは、「底知れぬくらい深さがある」ということで、西郷隆盛の懐の深さに触れ、まさにリーダーと呼ぶに相応しい人物だと絶賛しています。

明治になると、西郷隆盛は参議という高い地位の役職に就きます。そんな西郷隆盛が、大蔵省の役人を務めていた渋沢栄一の家に「頼みがある」と言ってやって来たことがありました。

西郷隆盛の頼みとは、「相馬藩（現在の福島県）は二宮尊徳が指導した報徳仕法という節約方法で財政再建に取り組んでいる最中なので、これを藩が県に変わっても続けさせてほしい」というものでした。

当時の明治新政府にはお金がありませんでした。しかし、各省からは過大な予算要求ばかりが行われ、大蔵省で働く渋沢栄一はこの対応に追われて苦労していました。いつもは予算要求ばかりなのに、お金を節約するための施策を残してほしいという西郷隆盛の要望に、渋沢栄一は思わず言葉を返します。

「いつも西郷さんがやっていることは報徳仕法の考えとは反対なのに、今日は相馬藩の面倒を見てくれというのはおかしくはありませんか」

それを聞いた西郷隆盛は、「今日は頼みに来ただけなのに、渋沢さんに叱られてしまった」と言って帰って行ったそうです。参議に一役人が反論するなど普通はありえないことです。互いに信頼関係があったからこそのエピソードだったと言えるでしょう。

言葉④

志が立派なだけでは、世間は信用しない。やはり、行動である

志がいかに善良で忠恕の道に適っていても、その所作がこれに伴わなければ、世の信用を受けることができぬ訳である。

【『論語と算盤』常識と習慣】

「自称経営者」とニュース番組のアナウンサーが話す

最近、ニュース番組の報道を聞いていますと、犯人で捕まった人間に対して、「『自称経営者』と警察には話しているようです」といった説明が耳に入ってくることがあります。

これは実際には、「何をしている人間かわからない。本人は経営者と言っているが、それ

を証明するものは何もない。しかし、所持金はある程度持っているが、何か信用できない」ということだと思います。つまり、行動が伴っていないので、信用されていない実態を表しています。

この渋沢さんの言葉を聞いて感銘を受けたのは、「その所作がこれに伴わなければ」という1行があることです。この1行をつけることで、志の深さが全然違ってきます。さすが渋沢さん、洞察力の鋭い方だなと思いました。

知らないとツッコミはできない

仕事がら、相手の話にパーンと返す、つまりツッコミするためには、常にたくさんの引き出しを準備、整備しておく必要があります。若い頃はそんな「準備しなきゃ」という意識がありました。

5～6歳年上の先輩芸人に可愛がってもらっていたので、現場でこの先輩が話した内容にツッコミができるようになりたいと思ったものです。

音楽にせよ、映画にせよ、どうしてもその先輩の世代のものについての話題になります。

すると、先輩が何かボケを言ったときに、その音楽や映画を知らないとツッコミできません。その本を読んでいないと、そのアーティストの曲を聞いていないと、ツッコめない。そういうことがたまにあります。

僕はそういうときに、いろいろ知っていて損はないなと思いました。知ることに、別に無駄はないぞと思ったのです。それで、まずはいろいろな年代の映画を見ました。先輩が「いいぞ」と話していたマンガを読みました。あらゆるものを吸収する時期があったのです。

逆に言うと、制限がないのですごく疲れます。どれを読むか、どれを見るかを自分で選ぼうとすると疲れるものです。最終的には、自分の好きなものを読んだり、見たりするしかなくなってきました。若い頃はそんなふうに考えて過ごしていたんです。

貴さんと『タワーリング・インフェルノ』の思い出

僕は広く浅く収集するタイプで、たとえば僕の世代では誰も見ていなかった、『タワーリング・インフェルノ』という映画も見ました。スティーブ・マックイーンが主役で、1975（昭和50）年公開の映画です。

僕は1974（昭和49）年生まれですから、リアルタイムで見ていません。何かの雑誌でその映画が紹介されているのを見て、「パニック映画がこの時代にあったんだ」と思いました。要は『ダイ・ハード』の元になっている映画で、長かったのですが一応見ておこうと思って見ておきました。

そうすると、何かの番組で、「とんねるず」の石橋貴明さんが、明らかに『タワーリング・インフェルノ』の話をしたのです。

僕は、「いや貴さん、それはパニック映画の金字塔じゃないんですから、やめてくださいよ」みたいなことを言ってツッコミました。周りを見ると、みんなポカンとしていました。貴さんは、「いや俺、好きだったんだよ、『タワーリング・インフェルノ』」ととても嬉しそうでした。そこは放送上カットされてしまいましたが、貴さんの満足気な表情は、今でも僕の記憶に鮮明に残っています。

事前の準備が芸人としての所作とは断言できませんが、こうした行動を伴うからこそ的確なツッコミもできるし、それを積み重ねていくことが芸人として信頼を得ていくことになるのではないかなと思います。

言葉⑤

形だけの「礼」は、礼をしないより悪い＝礼儀を尽くせ

人に対して敬礼を欠いてはならない。されどただ形式だけの敬礼は、往々相手の感情を害し、かえって礼せざるに劣るものである。

【『渋沢栄一訓言集』処事と接物】

礼儀ほど美しいものはない。

【『渋沢栄一訓言集』一言集】

たとえ2時間睡眠でも、それを顔に出すのはプロじゃない

テレビ番組に出演し続けるというのは、最初の頃は嬉しく、楽しいものですが、そのための準備をしながらとなると、やることがたくさんあるので、だんだん疲れてきます。「最近、疲れてきたな、休みがないな」となるわけです。

「疲れたな」という気分を抱えて朝を迎えると、「いや待てよ」となります。お金をいただ

いているんだから、「眠いな、今日は」のような顔をして本番に臨むのは、「プロじゃないな」と考えるようになります。

夜中の午前3時にようやく寝られて、朝5時に起きて仕事に行くこともあります。睡眠時間は2時間あるかないか、そんな日が毎週あります。

そんな日に僕が一番注意しているのは、そのテレビ番組を見ている人は、「大木が2時間しか寝ていないか、8時間寝たか」はもう関係ないということです。その日の放送がおもしろいか、おもしろくないかだけなんです。

だから、ここで、「あの日、大木のあの眠そうな様子はないよな」と思われては、プロ失格なんです。しかも、ボランティアではなく、呼んでくれているテレビ局にも、事務所にも失礼をしていることになります。

2時間寝ようが1時間寝ようが、まったく寝てなかろうが、お金をいただいている以上は、もう最高のモチベーションとテンションで臨まないとダメだというのが、僕の取り組み姿勢です。

そのときのやる気スイッチはいつどこで入るかと言いますと、僕の場合は、テレビ局に着いて、ロケ現場でもいいのですが、「ピンマイクを付けてください」と言われます。そのピンマイクを付けるときに、僕は何となく「自分の衣装にマイクが付いたぞ」というのが一つのスイッチになります。「あ、本番だぞ」という気持ちになるんです。

みなさんも、何かのきっかけでスイッチがあったほうが仕事に入りやすいと思います。スイッチが入ると、僕の場合、形だけというのはありません。だから、相当テンションをあげたりして、仕事が終わるとドッと疲れることもあります。でも、いい疲れ、「ああ今日楽しかったな」というときもあるのです。

お礼は形だけであっても、したほうがよい

渋沢さんは心がこもっていないのだったら、お礼をしても意味がないとおっしゃっています。明治の時代は江戸時代の儀礼を引きずっていますから、そうなると思います。

しかし、現代は形だけでもこれが本当のお礼であるならば、僕はしないよりもしたほうがいいと思います。渋沢さんが言われるように、万が一、心をこめたい相手ではなかったとしても、お礼はあったほうがいいなと僕は思うんです。

ここは渋沢さんのおっしゃっていることに、あえて反論させていただきます。「お礼、面

倒くさいな」と思いながらもお返しを贈ったら、向こうにとってはとてつもなく嬉しい可能性もあります。そして、「わあ！　わざわざ？」になるかもしれないのです。

そこから変わるお付き合いもあると思います。だからあの「偽善でいいから募金しろ」と同じですよね、そう思います。

コラム⑧

『論語』嫌いの福沢諭吉と『論語』好きの渋沢栄一

2024年より新紙幣が発行されることが報じられました。新しい1万円札に描かれることになったのが渋沢栄一です。現1万円札に描かれているのは福沢諭吉ですが、この二人にもまた、その関係性を示すエピソードが残されています。

福沢諭吉も渋沢栄一と同じく、身分制度に疑問を持っていた人物でした。福沢諭吉は身分制度が特に厳しい中津藩（現在の大分県）の下級武士の家に生まれました。身分が低いがために名をなすこともなく亡くなった父の姿を見て、その理不尽さを「門閥制度は親の敵《かたき》」という有名な言葉にこめて残しています。

そのため、福沢諭吉は明治新政府からの出仕も断り、役人にもなりませんでした。武士から平民になると教育活動に力を注ぎ、慶應義塾大学を創設するのです。民間における日本の近代化を進めた人物という点では、渋沢栄一と重なります。

ただ、二人の間で決定的に異なる点として、『論語』を支持するかどうかが挙げられます。渋沢栄一が『論語』を非常に重視し、経営のバイブルとすべきという考えを持っていたことは、『論語と算盤』を執筆していることからも明らかです。

一方で、福沢諭吉は西洋文明の移入が日本の近代化の道であると考えていたため、『論語』をはじめとする儒教が近代化の障害になり得ると考えていたようです。もちろん、福沢諭吉も幼少期から勉学に励み、『論語』も読み込んでいました。中身を理解したうえで『論語』を支持しなかったのです。

同時代を生き、書簡のやり取りも残されていたので交流も持っていましたが、二人がさほど親しいわけでもなかったのは、こういった考えの相違が理由にあったのでしょう。

それでも福沢諭吉は渋沢栄一に一目置いていた、それがうかがわれる資料があります。福沢諭吉が発行している新聞『時事新報』に、渋沢栄一について「一覚宿昔青雲夢」という記事が書かれたことがあったのです。

そこには、「政府の役人になることだけが出世の道だと思い込んでいる人（青雲の夢）が多いが、そんな夢から早く目覚めてほしい。実業の道に進んで、今はこの社会において最高の地位にある、渋沢栄一の生き方こそがもっとも模範とすべきものである」と記されていました。

『論語』嫌いではありましたが、福沢諭吉が渋沢栄一を評価していたことが伝わってきます。

言葉⑥

ときには考えをやめて、すぐに行動に移さねばならない

すべて世の中の事は、三思してもなお足らず、十思百慮を要することもあれば、また再思の要だになく、ただちに実行せねばならない事もある。

【『渋沢栄一訓言集』処事と接物】

悩みながらも全出席の忘年会、新年会だったが……

僕たちが現在、ツライのは、若い後輩たちに教えることが何もないことです。若い子がそれを求めていないということは、態度で明らかにわかります。

明治の時代はパワハラ、セクハラという言葉はありませんでした。当時はパワハラは当たり前で、渋沢さんの時代、省庁に入ったときにもやはりあったと思います。明治の時代

でも、そんな人ばかりでは、さすがに苦しくなりますよね。

明治、大正、昭和、平成と、上司との嫌な酒も付き合ったという世代です。しかし、最近の子は付き合わないですもんね。「一緒に飲みたいと思いません。せめて、ご飯です」と言うでしょうね。

僕は、酒を飲みません。ですから、自分から「忘年会に行こう」「新年会行きましょう」と誘うことは昔からありません。僕が参加しているのは、すべて番組の忘年会、新年会です。

当然、最初の頃は飲みたくないのに無理やり飲まされて、気持ち悪くなり、具合が悪くなっていました。そんなことを繰り返して、酒を飲むこと自体をやめました。

ですから、「酒、飲めないんだな」と言われると、「はい」と答えて、「じゃあ、ウーロン茶だな」「はい」。それで、朝5時、6時、7時まで付き合ったものです。

最近、「酒が飲めないのに、すべての忘年会、新年会で酒飲みに合わせなきゃいけないのかな?」と疑問に感じ、どうすればいいかよくわからなくなってきました。

一度、「酒のないところで忘年会、新年会はダメなんですか?」と聞いたら、「それは忘年会じゃないでしょ」と言われました。「そうか、酒を飲まない人がいて、そのことを大切にしてもらえる忘年会、新年会はないんだな」と思いました。なんか、難しいです。

当然、僕以外にも酒を飲めない人が何人かいたので、「みんなどうしてるの?」と聞いてみると、普通に「お茶で朝までですね」という答えでした。

朝まで付き合わされると、最初の数時間は楽しいのですが、みんなどんどん酔っ払っていき、カラオケが始まります。こちらは酔っ払ってもいないし、特にカラオケも歌いたくないなというときに、正直とても困ります。時間が過ぎるのを、お茶を飲んで待っているだけの時間が出てくるのです。

何年も何年もそうしていると、「今までの忘年会の時間に、本を読んだり、映画を見ていたら、自分の血と肉がもっと増えたんじゃないかな」と思うようになりました。だから僕は、無理して飲み会に参加しないようにしました。勇気ある決断です。

正論には正論の強みがある

僕は「なるほどな、現在は僕たちが知っている常識とは別の常識が、若者たちにはあり、それが働いている」とわかるので、自分の常識を強要してはいけないと思っています。

それでも、「それは違うだろう」と「お笑い中間管理職」として感じることがあります。その場合には、「言わなきゃいかんな」とは思います。

明らかに「我慢と忍耐」がないのは、これから生きていくうえでよくないと思うので言います。言われた側は、「こんなときに説教されて超嫌だ、面倒くさい、聞きたくない」とか言うのではなく、その言葉に耳を傾けてほしいと思います。

やはり気づきが大切です。大切なこと、重要なことを先輩は話していると、気づいてほしい。言われた本人が、20代を終えて30代になって、40代になったときに、いい年の重ね方ができなくなってしまう可能性があると思うのです。若い人には、そのあたりを、いつ気づくかを意識してほしいです。

正論ばかりですが、正論は大切です。「きれいごとばかり言いやがって、古くせぇんだよ」と感じはしますが、実はよくよく読むとすごく心に沁みるわけです。特に年齢を経ると余計に沁みます。

言葉⑦

格差がない社会は元気がない社会である

富の分配平均などとは思いも寄らぬ空想である。要するに富むものがあるから貧者が出るというような論旨の下に、世人がこぞって富者を排擠《はいさい》するならば、いかにして富国強兵に実を挙ぐることが出来ようぞ。

【『論語と算盤』算盤と権利】

「明治時代」、近代の始まりこその若さ

今、この言葉を大声で言うと、見知らぬ周囲の方たちから怒られてしまうかもしれません。そこに、現代という時代の時代性が表れています。

現代は、「民主主義」以上に、「平等主義」に関心の比重が傾いているように思います。しかし、渋沢さんが生きた時代、「明治時代」は日本近代の始まりの時期です。富国強兵によって、日本の経済力を高め、日本を豊かにしようという獅子奮迅の時代でした。

この言葉が言わんとすることは、当時の方たちからしたらごく普通の現実認識でした。とてもリアルです。「民主主義」は、格差が出て当然の主義だという前提もありました。

渋沢さんは、このあたりをどう考えていたのでしょうか。慈善事業で、東京養育院など貧しい方に施すような組織をつくっています。本当に稼ぎがある人は、社会のフォローも必要という精神でした。

三菱、三井の財閥系の人たちはもう彼らだけでの争いですから、それぞれが強く切磋琢磨だと突き進みました。貧者には関心がありません。しかし、渋沢さんは、現在で言うところの稲盛和夫さんに近い思想も持っていたような気がします。

こうした明治の時代に生きた方たちから見たら、僕たちは「ぬるま湯に浸かっている」ように見えるかもしれませんね。本当に耳が痛くなります。

46歳にもなると、ぬるま湯の気持ち良さを知っています。ところが、渋沢さんは「そうじゃない」と言います。ぬるま湯に浸かっていると、それで結局、温度がわからないので、そのうち茹だって死んでしまうことになる。そういうたとえが「ぬるま湯に浸かっている」ということだと思います。

20代の若者からしたら、46歳の先輩を見て、「ぬるま湯に浸かってるよな、あの人」と思われているかもしれないですね。

僕も20代のとき、大人たちをそう見ていたはずです。「あの人いろいろ言ってくるけれど、なんもやってねぇよな」。自分がその年齢になると、若い人間に、「じゃ、おまえはちゃんとやってるか」と問われたら下を向いてしまいます。人間の難しさですね。

言葉⑧

「慣れること」に慣れてはいけない

要するに習慣というものは、善くもなり、悪くもなるから、別して注意せねばならない。

【『渋沢栄一訓言集』座右銘と家訓】

変わらないでいるためには、常に変わり続ける

「慣れること」に慣れてはいけない、というのは日々の仕事で感じています。ある程度、キャリアを重ねると、気づかないうちにこなすことをしそうになります。自分の感覚では仕事をした感じになっていますが、しかしよく見ると、どこかでこなしている感じが出ているんです。

たとえば、レギュラー番組では番組構成が大きく変わることはないので、毎週仕事をしているとだんだん頭も慣れて来て、「この番組はこれぐらいの感じかな」と勝手に判断して、こなしていくという感じが少し芽生えてきます。

そういうとき、僕は「こなすのではなく、乗り越えるという感覚で仕事をしないとダメだな」と思うようにしています。

だから毎週、セルフチェックをしています。やっていることはそんなに難しく見えてないはずです。それだけに、ちょっと注意を払わないとダメかなと思っています。

以前、郷ひろみさんがテレビで、「変わらないでいるためには、常に変わり続けないとダメなんだ」とおっしゃっていました。本当にそのとおりだと思います。

「お笑い中間管理職」としても、変わり続けるために、新しい感覚とか、新しい考え方を受け止めていく必要があると思います。

明治維新のときに、世界の西洋文化が入って来て、海外のほうが進んでいることを日本人は知りました。しかし一方で、日本の浮世絵などがどんどん海外に流れ、その浮世絵を見た欧米人は「これはすごい」となりました。どちらも、すごいと思ったわけです。

当然、僕たちにもまだそういうことと同じことがあると思うので、今までの日本が全部ダメだったと捨ててはいけないと思うし、その見極めをするだけでも、新しい自分になれると思います。

最近はどうしても海外のほうが進んだ考え方があると、みんな思い込んでいるような気がします。仕事にしても、何にしてもです。でも、僕は日本に住んでいるのだから、日本ならではの考え方があって当たり前じゃないかなと思っています。

ニューヨークから来た、ハワイから来た、ロサンゼルスで流行っているというだけで飛びつくのではなくて、飛びつくのはいいけれど、世界で全然流行っていないけど、僕たちは「これ好きだよね」という考え方があってもいいといつも思っています。

言葉⑨

満足することは衰退の第一歩である

すべて世の中の事は、もうこれで満足だという時は、すなわち衰える時である。

【『渋沢栄一訓言集』国家と社会】

完成しない「陽明門」のすごさ

「満足は衰退の第一歩」とは、渋沢さんの考え方は容赦ないですね。先ほども話しましたが、当然、この言葉どおりだと思います。

ただ、ここは渋沢さんも当然そう思っていると思いますが、今日までの感謝の気持ちがないとダメではないでしょうか。満足は当然、もうOKだというふうに思ってはいけないけれど、とりあえず現状に満足というか、感謝はしないといけない気持ちは忘れてはならないと思います。僕は渋沢さんに提言したいのですが、ここは両輪かなと思います。

ここで、日光の東照宮にあります「陽明門」の話を少々。

陽明門は柱が一本逆さまになっています。それも、あえて逆さまになっています。建立したときからそうなんです。

上向きのものをそのまま上にしてしまうと完成してしまいます。完成イコール、あとは滅びていくことになる、壊れていくことになるために、「東照宮は一生完成しない」という願いをこめて、陽明門の柱を一本、あえて最初から逆さにしているのです。

日光東照宮は江戸時代の徳川家光の時代に完成しました。そんな昔に、柱を逆さにしたままにしておくことで、完成しないことを表すという発想がすごいなと思いました。まさに渋沢さんの言葉を体現していますね。

コラム⑨

戦争を嫌った渋沢栄一

たくさんの会社を生み出した渋沢栄一ですが、実は戦争のない平和な世界をつくることにも尽力しています。きっかけは、日清・日露戦争でした。戦後、勝利に沸いた日本ではありましたが、政治や社会は大きく混乱することになりました。この現状に、渋沢栄一は心を痛めていたのです。

第一次世界大戦が終わると、アメリカのウィルソン大統領の提唱により、国際連盟が誕生しました。国際連合の前身となる国際連盟ですが、渋沢栄一はこの連盟の発足を大歓迎したのです。

国際連盟を支援する民間組織である国際連盟協会が各国で結成されました。そこで渋沢栄一は同志の者たちと協議し、1920（大正9）年、「日本国際連盟協会」を立ち上げます。すでに80歳と高齢だった渋沢栄一ですが、推されて会長に就任すると、その中心となって活動に励みました。

1921（大正10）年の全国商業会議所連合会で、渋沢栄一は国際連盟協会への加入を呼びかけた演説を行っています。

「私は平和論者であります」と前置きした渋沢栄一は、日清・日露戦争を「忌まわしい戦争」と表現し、「戦争を喜ぶということは人類のもっとも恥ずべきことである」と言い切っています。そして、戦争をしないためには「軍艦を造るよりも、台場を築くよりも、飛行機よりも、潜水艇よりも、国際連盟が必要である」と語ったそうです。

1926(大正15)年11月11日には、NHKラジオを通じて、渋沢栄一自らが全国民に向けて平和の訴えを放送しました。前年から始まったラジオ放送という新しいメディアを活用したこの取り組みは、4年にわたって続きます。

11月11日は第一次世界大戦停戦を意味するパリ講和条約が締結された日であり、国際平和記念日とされていました。毎年この日に平和の尊さを伝えることを自らの使命と渋沢栄一は考えたのです。

最初の放送では、「個人間も国際間も忠如がなければ争いが起こる」「自国の利益のみ主張し他国の利益を顧みないのは正しい道徳ではない」と訴えています。〝忠如〟とは、誠実さや真心、思いやりのことです。儒教思想を表す言葉で、『論語と算盤』の中に何度も書かれています。渋沢栄一が生涯貫いた思想であると言えるでしょう。

1931（昭和6）年の11月11日に、渋沢栄一は91歳で亡くなりました。体調が悪くても、世界平和のために放送を続けた渋沢栄一がこの日に亡くなったことには、何か運命的なものを感じます。

BIBIRU OKI × SHIBUSAWA EIICHI

第6章

ビビる大木セレクト
世の中を逞しくする言葉たち

言葉①

時代が変わり、新しい時代には新しい人材が必要だ

新しき時代には新しき人物を養成して新しき事物を処理せねばならない。

【『渋沢栄一訓言集』学問と教育】

46歳、「お笑い中間管理職」の僕は、新しい人材ですよね？

この小見出しは、哀愁漂う小見出しで、涙が出るほど見苦しい小見出しです。この言葉は、読んでいるとだんだん苦しくなってきます。思い切って若い者に任せるという決断も、必要なときが少しずつ増えてきているように思います。

決断者である僕が46歳。決断しづらい年齢ではないでしょうか？

46歳、心と体、どちらにもたくさんの若さがまだ残っていますので、難しいです。僕の年齢が決断を難しくさせるのは、まだ30代の気持ちがすごく強いからでしょう。そのへんの感覚の難しさがあります。気持ち的には、正直なところまだ35歳ぐらいです。

しかし、生身の実際の30歳、35歳がこちらを見たときに、彼らは間違いなく僕を46歳と見るでしょうね。そして、自分たちとの違いを的確に言えるはずです。僕の思いとは全然違うでしょう。

この点を、強引に見て見ぬふりをしての読み違いは、今で言う老害になりかねないという気持ちがあります。

僕は若いヤツらが羨ましい！

今の若いヤツらは、僕たちが若い頃、20歳ぐらいのときに憧れた生き方ができています。「嫌な飲み会に行かない」「無理に付き合わない」とか、僕が社会に出たときに、「そういうふうになっていたらいいな」ということが、今の若い人にはできるようになっていて、羨ましい気持ちがあります。

40代の僕たちは、そういうふうに生きてこなかった世代です。でも今は、「俺は我慢して飲みに行っていたぞ」というのを、押し付ける時代じゃなくなりました。自分がされたことをよしとすることができない、そこに僕たちの苦悩があります。自分が学んできたことが活かされない、自分たちもアップデートしないといけない時代になったことを目の当たりにして、少し苦しいかもしれません。

その少し苦しい感じを、こんな事例でリアルに表現したいと思います。僕の感性では、何か不祥事やトラブルがあったら、「おまえ、バウムクーヘン持って謝りに行って来い」みたいな感性です。そんなことを、若い頃から叩き込まれました。

今の若者たちは、「えっ、えっと、なんでバウムクーヘンなんですか?」と突っかかれちゃう感じです。「俺、バウムクーヘン、食べないですけどね」みたいな。

「おまえじゃないんだよ!」というやり取りがあるわけです。「相手にあげるんだよ、これは」と、さらに解説が必要な時代になりました。

書いていて、46歳のモヤモヤ感の濃度が濃くなってきました。

言葉②

米国人気質の長所、敢為の気質を大いに学ぼう

多くの米国人に接して、米国気質なるものを察するに、総じて直情径行、学問を重んじて敢為《かんい》の気質に富み、思ったことは必ず果たすという風がある。

【『渋沢栄一訓言集』道徳と功利】

米国人が持つ実行力に、渋沢さんは注目した！

明治維新後の日本は確かに、アメリカを始め、外の様子が異様によく見えたはずです。見るもの、聞くもの、驚きの連続だったでしょう。

渋沢さんの場合は、もう少し時代が下り、大正時代の終わりから昭和の初期の頃に、民間外交を繰り広げた際にアメリカにも幾度も行っていました。そのときの感慨の言葉でも、

アメリカ人の実行力のすごさ、そのフロンティア精神を讃えていました。

現在の僕たちもやはり、「うわあ、やっぱり、アメリカはネットフリックスがあるんだ、アマゾンがあるんだ、いわゆるＧＡＦＡはアメリカですもんね。アップルとか、あ、ｉＰｈｏｎｅとかつくっちゃうんだ」みたいな感覚があります。厳密にＧＡＦＡの方たちすべてがアメリカ人かどうかはまた別ですが、アメリカから来たものはたくさんあります。

今の僕たちも、アメリカから来たものに学んだり、学ばなかったりでいいのではないでしょうか。僕たちはアメリカの品物との出会いにも時間が経っているので、自分にとっての良い悪いを自分で選ぶべきだと思います。

そして、アメリカに限らず、もらえるものはもらい、いらないものはお返しするということがあってもいいように思います。これまで、日本人はもらえるものはもらうけれど、いらないものも返さなかったのです。全部もらっていました。日本人は異様なもてなしぶりだったと思います。日本人はだから、アメリカに利用されるのではないでしょうか。

「俺は謝る必要はないよ」の強烈さに、痛い僕

アメリカ人の会話には必ず主語が入りますが、日本人はその点が奥ゆかしいので、悟ってくださいとばかりに、主語が入ったり入らなかったりです。この点が、外国人の方との大きな違いではないでしょうか。

渋沢さんからしますと、「結局、何が言いたいのか」がハッキリとしているので話がわかりやすかったんだと思います。日本人にとっての良し悪しを別として、確かにそれはあると思います。

「ニュース23」を見ていたときのことです。8月はどうしても「戦争を問い返す季節」ですので、過去の映像も流れます。僕は、アメリカ人の科学者が広島の被爆者と会話されている映像をたまたま見ました。

被爆者の方がはっきりと、「なぜ、あんなものを落としたのですか、謝ってほしい。そこまでやる必要はなかったじゃないか」と話しますと、通訳を途中で遮って、その科学者は「謝らない」と断言されていました。

「謝らない、俺は悪くないから。俺たちへの命令は核をつくれという指令だった。俺はそ

のとおりにやっただけだ、それをなぜ謝らなきゃいけないんだ」
「俺も、仲間を日本人に殺されているんだ。俺たちには、『リメンバーパールハーバー』という言葉がある。俺たちはあれをつくれという指令を受けただけ。なんで俺が謝らなきゃいけない」

そんなことをずっと話されていました。

アメリカ人の立場で考えると、良い悪いは別にして、そういうものなのかもしれません。ただ、僕は一人の日本人として、そのアメリカ人に「冷たいな」と思いましたし、アメリカ人はそういうことを何十年経っても平気で話す国民なのだと感じました。被爆者の方も、「結局、何もわかってもらえないんですね」と言って帰っていきました。

しかし、あの場ではっきりと原爆を落とした側が「謝りたくない」と言えるのがアメリカ人の考え方です。僕がそのアメリカ人科学者であれば、「私個人としては、今は申し訳ないと思っている」と話してしまうかもしれません。

そこを、「俺は謝らないよ、悪くないもん」と言えるアメリカ人気質は強烈です。たぶん日本人気質にはないものだと思います。

言葉③

忙しくても、二つのことを同時にやらない

いかに忙しき時とても、仕事を考えながら人と談話し、談話しながら事務上に心を配るなどは、過誤を招く所以《ゆえん》である。

【『渋沢栄一訓言集』処事と接物】

現代は同時併行が当たり前の時代

渋沢さんの書いた原文を読むと、「二つの仕事をしながら、同時に談話して事務上のことをやろうとすると、過誤が生じる可能性が高くなる」と書かれています。それは、現代でもダメです。

しかし、現代では、メールがありますので、こうしたことを同時にすることはないと思います。渋沢さんには大変申し訳ありませんが、逆に現代は、「副業の時代」になっていま

すから、そうした同時併行は十分に可能な時代になりました。渋沢さん、新しいネットワークのツールも生まれて、仕事環境が大幅に変化しています。

渋沢さんの時代では、女性が男性と一緒に働くということは、100％当たり前ではありませんでした。要は、結婚するイコール家を守らせる、「飯をつくり、子育てしてろ」というのが当たり前の時代でした。

しかし、現代はそんな時代ではないのです。今、主婦の方はブログで稼ぐことを含め、家のパソコンを使って、収入をあげるのは当たり前の時代になっています。もう、このへんのことは、同時にやってもいい時代が来ているなと思います。

これが歳を重ねますと、やりたくてもできなくなってきますので、二つのことを同時併行で展開することを、今の若者たちは率先してやっています。

渋沢さん、そんなことを同時にできる訓練を若いうちからできるのが僕には羨ましいです。46歳で同時にやってみるのと、20歳からやってみるのじゃ、やはり若い頃のほうがノウハウが絶対つきますよね。

言葉④

老人たちこそ学問せよ。精神を衰弱させないためだ

しかして文明の老人たるには、身体はたとい衰弱するとしても、精神が衰弱せぬようにしたい、精神を衰弱せぬようにするは学問によるほかはない。

【『論語と算盤』立志と学問】

精神を大いに高揚させて、学びの喜びを知る！

最近のシルバーの方たちには、しっかりと本を読み、学ぶことに喜びを感じて生きていらっしゃる方が増えてきていると言います。大学で行われるカルチャーセンターや、図書館に通って熱心に学ばれたりする方も多いそうです。

しかし、その一方で、シルバーの方たちの不良化も少しずつ目立ってきているようで、

時間を持て余しているのか、街中での喧嘩にシルバーの方が絡んでいたりすることも少なくないとか……。

そんな中での渋沢さんの言葉、「老人たちこそ学問せよ」には「なるほど」と思いました。精神の衰弱こそ、不良化する第一歩だからです。


加えて、僕たち世代の問題として引きつけて考えてみますと、僕たち大人が気をつけなくてはならないのは、「わからないイコールつまらない」と、わりと即断しがちなところです。これはダメです。歳をとってくると、みんな、「自分が理解できないものはつまらない」というジャンルに入れてしまうのは、己のわがままを押さえられないからです。

「あなたが理解してないだけで、つまらないとは別だからね」と、こちら側が理解しておかないといけないと思いました。つまらないと排除するのは、自分では気持ちいいのですが、結局そのようにして時代から取り残されてしまうのだと思います。

渋沢さんの言葉は明治から昭和初期の言葉が中心です。表現等は確かに古いと思われる言葉も多いですし、少し説教的だなと思う言葉もありますが、「お笑い中間管理職」の目で眺めて、感じたことを書いていると言葉が身近になってきます。

渋沢さんの言葉をどう解釈するか、解釈の仕方によっては、自分たちの問題になることもあるとわかりました。言葉とは、おもしろいものですね。

僕らは新しいものに翻弄されてきました！

僕らの世代を振り返ると、高校生ぐらいからポケベルが登場し、おじさんから若者にも、ポケベルが下りて来ました。

「こうやって連絡取るんだ。ただ僕はお金もないし、そんなに払えないから持てないな」と思いながら過ごしていました。それが20歳ぐらいから持つようになり、しかし25歳ぐらいから、今度は携帯電話が登場しました。これもまた、持てる人、持てない人に分かれ、しかしだんだん持てるようになってきました。ガラケーの携帯電話は、やがてスマホに……。新しいものが次々に出てきて、それに対応しているつもりですが、明らかに世の中のITが僕を追い越していくみたいな感じが、知らない間に起きています。

残りの人生、あと45年、50年あると思っていますが、「一通り対応していかないと歳とってから相当苦労するぞ」という危機感があります。学びの世界はまだまだ続くと感じています。

言葉⑤

道義を忘れ、人間は物欲の奴隷になりやすい

人情の弱点として、利欲の念よりややもすれば富を先にして道義を後にする弊を生じ、過重の結果、金銭万能のごとく考えて、大切なる精神上の問題を忘れて、物資の奴隷となりやすいものである。

【『論語と算盤』仁義と富貴】

高額の逸品を購入する学び

僕の物欲は普通かなと思います。何か特定の物に対する執着は、それほど強くないです。僕の趣味は広く浅いので、いろいろな物を購入します。スニーカーに興味があるし、Tシャツにも興味があれば、歴史や洋楽ロック、プロレスにも興味があるので、書籍やCDを買います。小説も読むし、マンガも買うし、プロレス人形も買う、その程度です。

その程度と言いながら、けっこう物が増えるので、ワイフからは「いらないものを捨てれば」と言われました。この自粛期間中、家の整理をして、自分のものを断捨離しました。断捨離をしながら、25歳くらいのときに、芸人の先輩に言われたことを思い出しました。その先輩はいい腕時計をしていました。１００万円するような腕時計です。１００万円あったら、車は買える、他のものも買える。当然、先輩はそれを買えるぐらいの収入があったから買ったわけです。

僕はその先輩に、「そんな高い腕時計をどうして買ったのですか?」と聞きました。先輩は、「おまえ、良いモノをちゃんと買う経験しろよ」と言ったのです。「購入することで見えてくるものがある。勉強できることがあるから、良いモノはちゃんと知っておけ」と……。一流のものに触れることで、何か幅が出るんです。そこで見えてくるものがあります。

「タレントが食べる前に、スタッフが食べろ」

テレビ番組の仕事で、石川県金沢市にある寿司店に行かせてもらいました。東京からわざわざ予約を取って食べに来るファンがいるほどの寿司店でした。

その店の親父さんは80歳ほどの高齢で、毎日、板場に立つわけでもないようでした。ただ、ファンからは「親父さんが握る日に来たい」という要望があるそうです。番組の収録だったので、親父さんがいるときに行かせてもらいました。

親父さんは、僕たち出演者が「じゃあ本番です」となったときに、「おまえたち、タレントが食べる前に、まずおまえらが食べろ」とディレクターとカメラマンに寿司を食べさせようとしました。僕は「気遣ってくれているのかな」としか思いませんでした。

「何かあるんですか?」と僕が聞くと、「これは別にテレビと関係ないから、とにかくおまえたちが食え」と言うのです。出演者である僕たちタレントの前に、制作スタッフが先に寿司を食べるというのはあまりないことでした。

「どういう理由ですか?」と聞きますと、「俺の握った寿司を、その味を知らないヤツに撮ってほしくない」とハッキリと言われました。

「『この人の握った寿司、おいしいよな』とわかったうえで、食べている人間をちゃんと撮ってやってくれ。そのためには俺の寿司の味を知らなきゃ撮れないだろう」

それが理由でした。そこにいたスタッフ全員に食べさせて、味わったうえで、「よし、じゃあそれを撮れ」と言ったのです。

一流職人の、一流の粋

事前に食べたかどうかで、やはり撮り方が変わるでしょうね。「ああ、なるほどなあ」と思いました。「味を知らないヤツが、俺の寿司を撮れないよ」。そこはもう親父さんの仕事術です。

「これはもう、その域にまで達した一流の職人の考え方を学ばせていただいた」と、僕は感動しました。その店に行かないと、この話は聞けません。一流を知るためには行動を起こさないといけないということを、身をもって体感した瞬間です。

運よく出演の依頼をいただき、こんな話まで聞かせてもらって、一流のこだわりを知ることができて、本当に勉強になった仕事でした。シャリの硬さ、握り方も全部何か違うなと思いました。いやいや、本当はよくわかんないです、何となくです。

ひょっとしたら、そこにいる若手の職人さんが握っても、同じ刺身ですから味も一緒だったかもしれません。しかし、確かに同じ食材を使っても、横にいる他の職人ではなく、親父さんの寿司を食べたいと思いました。その空気をつくるのも立派な一流の職人技です。

そうすると結局、その店の窓とか椅子とかカウンターとか、湯飲みとか割り箸一つからすべてが、親父さんのこだわりを起点に始まっていると感じました。僕は「今まさに一流のものを味わう経験をしているんだな」と思いました。

こうして考えていくと、物欲はとても大切な欲になります。まったくないのは困りますね。物欲がある楽しさは、生活に活気が生まれ、豊かさをもたらすと思います。

コラム⑩

「大震災」に対して渋沢栄一はどうしたか

1923（大正12）年9月1日、関東地方の広範囲に甚大な被害をもたらした関東大震災が発生しました。

地震の瞬間、渋沢栄一は日本橋兜町にある渋沢事務所にいたそうです。激しい揺れで室内のシャンデリアなどが落下する中、事務所の職員たちとともに必死の思いで避難します。事務所の壁は崩れ落ち、倒壊は免れましたが建物は大きく傾いてしまったそうです。

実は翌日、事務所に保管されていた資料を運び出そうと考えていたそうですが、夜に火災が発生し、事務所は全焼してしまいます。関係会社や事業の重要な書類はもちろん、維新の元勲たちとの手紙や徳川慶喜の伝記編纂のために残していた資料も、すべて燃えてしまったのです。すぐに資料を運ばなかったことを、渋沢栄一はのちに非常に悔やんでいます。

その後、渋沢栄一は王子飛鳥山にある自宅に避難します。広大な庭園、洋館、和館、茶室などが点在する大邸宅、「曖依村荘」です。この本邸は部分的な被害ですんだため、炊き出しの拠点となります。

9月4日になると、内務大臣の後藤新平が、罹災者の救護・救援活動を「協調会」の副会長だった渋沢栄一に依頼してきました。1919（大正8）年に創立した協調会は、労働者と資本家の協調を目指した労働団体です。この会が中心となって、収容所、炊き出し場、情報案内所、掲示板、臨時病院といった施設設置を行い、罹災者の支援活動を進めました。

さらに、渋沢栄一は東京商業会議所に実業家を集め、民間有志による救護・復興のための組織をつくることを提案します。これに貴族院・衆議院の議員たちも加わる形で、「大震災善後会」が創立しました。

副会長となった渋沢栄一は、復興のための義捐金集めに力を注ぎます。国内だけに留まらず、海外の知己の実業家にも寄付を積極的に呼びかけました。集まった義捐金は、孤児院や、労働者のための託児所の設置、罹災外国人への支援など、多くの事業に配分されました。
当時83歳だった渋沢栄一ですが、心配する家族に対して、「私のような老人は、こういうときにいささかなりとも働いてこそ、生きている申し訳が立つようなものだ」と言って、復興支援活動を推し進めていったそうです。

言葉⑥

人間は不平等である。しかし、天から見れば、人間は皆、同じである

天より人を視れば、みな同じく生みしところのものである。
【『渋沢栄一訓言集』道徳と功利】

いろいろと不満はありますが、1日24時間は一緒です

渋沢さんの言葉のとおり、僕も人間はみんな同じだと思っています。もちろん、生まれ持った才能が違うこともあるかもしれません。天才もときどきはいるので、よく考えてみると不公平だらけだと思うこともあります。「天は二物を与えず」と言いますが、「与えてんじゃねえか！」と怒り心頭のときもあります。

「なぜ僕は埼玉の春日部に生まれたんだ、僕だって港区の金持ちに生まれたら、何か違った人生が開けていたのに！」と勝手に思った時期もありました。みんなそう思うこと、あると思います。実際には、金持ちの家に生まれなかったという現実が、僕にもあるわけです。

でも、世の中、2世、3世、4世が大勢います。それはそうなんだけれども、「話が違うじゃないか」と思いながらも生きていくしかないのが、僕たちです。

人間は平等だと言うけれど、矛盾はある。むしろ、矛盾だらけです。人間はその矛盾を前提に生きていったほうがいいと思います。

こちらも何か苦しみながら生きていく結果が、僕たち人間の味になるというか、その苦しみが味になるはずです。「心はいつも半ズボン」という言葉、だからこそけっこう重たく

響いています。

何をやろうが、時間は平等で僕たちは一緒です。これは天から見たら、「おまえに与えている1日は、みんなとまったく一緒だぞ。その時間、何するの？　何に使うかは、みんなの自由だよ」ということだと思います。

時間が一緒だとすると、ますます努力が大切になります。僕は僕で生きていくしかない。そのアキラメ、現実を踏まえると、矛盾にはもう振り返らずに、その与えられた同じ時間をどう使うかに思いを巡らせたいです。

孤独と孤立は違うもの

人間は孤独が前提だと言います。

以前、詩人の谷川俊太郎さんがラジオ番組で話されたことが記事になっているのを読んだのですが、その中に、「孤独を感じますか？」「どんなときに孤独を感じますか？」という質問がありました。そして、「人間、孤独を前提に生きているんだからね」と書かれていました。「ああ、確かにおっしゃるとおりだな」と思いました。

「大木さん結婚しているから孤独じゃないじゃないですか」と言う人がいます。「いや、結婚していても孤独だよ」と言うと、「わー、結婚に夢がない」とか、「奥さんに冷たい」と言われます。「あ、この人はやはりまだそこに気づいてないのかな」と僕は思います。

結局、人間は最後、孤独だと思います。でも、みんなが勘違いしてはいけないのは、孤独と孤立は違うということです。僕たちは、はき違えてはいけません。

孤立はよくないですが、孤独はいいと思います。孤立だと生きてはいけないと言います。周りに相談する人もいなくなるからです。それは不幸です。孤立と孤独は違う、孤独でいましょう。

ワイフの言葉に救われた！

新型コロナウイルスによる自粛期間中に、僕などよりも苦しい思いをしている飲食店の経営者をニュースで毎日見ていました。コロナ禍によって、食事を楽しむなんてことは、今まで考えられないと思います。

何かに迷い自殺してしまいましたでは、あまりに寂しい。ツライ。たとえ知らない人でも、そんなニュースを見ていると、とても救われない気持ちになります。

僕の仕事も閉塞的な状態でした。コロナ禍になってからは、普通に仕事はキャンセル、キャンセルでした。ずっと自宅で自粛したまま、このまま仕事もなくなってしまったら、家族を養えないなと思いました。子どもはまだ幼稚園だから、これからどうしよう……。

そんなときも、ワイフは、「ウイルスは別に大木が解決できる問題じゃないんだから、もう悲しいとか、辛い現実はあるけど、そういう状況だからこそ楽しんじゃえって部分があってもいいよね」と言ってくれました。

僕は「そうか」と思って、「よし、じゃあ僕はもう目覚ましかけずにゆっくりさせてもらうわ」と決意しました。

ワイフは、「私もお金ないのは困るし」みたいなことは言いながら、しかし「そのとき、考えようよ」という心のゆとりがありました。救われます。ワイフは本心がどこにあるかわかりませんが、とりあえず僕の目線を変えてくれました。

心の持ち方の先には常に、ちょっとリアルな現実が付きまといますが、「よし、待とう」という勇気が湧いてきました。

言葉⑦

経済に国境はない。だから、智恵と勉強で進むのだ

経済に国境なし。いずれの方面においても、わが智恵と勉強とをもって進むことを主義としなければならない。

【『渋沢栄一訓言集』国家と社会】

見守るやさしさで十分です！

「経済に国境はない」、経済のみならずウイルスにも国境はないです。「笑い」もそうです。渋沢さんは明治という時代にあって、「経済に国境はない」と断言しつつ、その後に「智恵と勉強で進むのだ」と解答を加えています。

経済を考えるときに、現在の官僚の方や政治家の方たちは数字を見て理解しようとされ

ていますが、そこがそもそも間違いではないかと僕は思っています。すみません、まったくの素人なのに。でも、もっと日本と日本人を見ることが大切なのではないかと思うのです。

コロナ後のことを考えて、経済支援や復興は必要です。僕はしがない「お笑い中間管理職」の分際であり、46歳のおじさんですが、現在の若い人間たちに大いに期待しています。

僕は30歳を過ぎ、35歳あたりからツイッターとかインスタとかフェイスブックなどを知るわけです。アマゾンもそうです。これらはみなアメリカ発のものばかりです。

日本発インスタのようなものがないのかと残念でなりません。なぜ日本発ツイッターがないのか。なぜ日本のアマゾンプライムビデオがないのか。楽天は通販で頑張っていますが、それでも圧倒的に「GAFA」に力があります。

日本人は優れたものをつくれる〝神の手〟を持ったお国がらです。しかし、ネット関連では、なぜ日本発が生まれないのか、ずっと不思議でした。

ここは、若者に期待するしかありません。日本国内のことなど別に気にせずに、「国内だろうが世界だろうが、こういうものがあったら楽しそうだな」というものをどんどん開発して、どんどん発表してほしいと思っています。アイデアレベルでもかまわないと思います。

政治家の方や官僚の方たちは、そのアイデアを支える仕組みをつくる前に、当面、そんな若者が食べることに困らぬよう金銭面の支援だけをして、邪魔しないで見守るだけでいいのではないでしょうか。

日本の若者も、情熱とパワーはしっかりと持っています。日本の若者にも、使命感はあります。その純粋な気持ちを邪魔しないでほしいとお願いしたいと思います。

なぜ、日本は沈没していくのか

日本はいろいろな利権を持っているおじさんたちの感覚が、時代にもう追い付いていないにもかかわらず、そのことに無頓着のまま存在しています。

Uber Eats は何となく広まりましたが、そもそもタクシーの代わりになるUberが日本で思った以上に流行らなかったのは、「ああ、日本ぽいな」と思いました。

僕はハワイやニューヨークへ旅行で行ったときに、全部Uberで移動したのでレンタカーの運転もしませんでした。行き先も言わなくていい、最悪登録しておくだけでいいわけです。こんな便利なものがあるんだと、感動しました。前もって料金も全部わかるので、旅行者にとってこんなにありがたいものはありません。

「権利は絶対に認めない」という負のパワーが、日本がどんどん世界から取り残されている元凶になっていると思います。だからこそ、どんどん遅れて、国力もどんどん下がっていくのです。本当に若者に頑張ってほしい。だから先ほど、邪魔しないでほしいとお願いしました。

経済において一発逆転がなさすぎです。開発者＝開拓者たちの発想をそもそも認めない風潮がよくないと感じます。ビジネスをされている方たちに、「心はいつも半ズボン」がないとダメだよと、僕は真剣に言いたいです。

渋沢さん、現在の日本の経営者、政治家、官僚たちの様子を、あの世からしっかりと見てほしいです。そして、その行動に憤慨される方がいたら、お願いします。出てきて、一言いってください。

言葉⑧

人間には皆、その前に「道」がある。完歩するだけの力もある

道は誰にも行い得られるものである。人にはみな道を行うに足るだけの力がある。ただその力と道とに大小の差があるに過ぎぬ。

【『渋沢栄一訓言集』道徳と功利】

芸歴25年は通過点に過ぎない

それぞれの人間には、進むべき「道」があります。道のない人間はありません。ここでは、芸能界という世界の「道」についてお話しします。

僕は今年、「お笑い芸人」になって25年という一つの節目の年になりました。25年ですが、そんなに短い時間ではありません。会社勤めで勤続25年と言いますと、「定年まであと13

年」と言われるほどの時間です。

しかし、僕が生きる芸能界にいると、25年という時間は短いとは思われませんが、決して長いとも言われません。共演者の方の中に、普通に芸歴50年という方がいらっしゃるからです。

最近、バラエティ番組に出演されている高橋英樹さんなどは、その芸歴50年以上の方です。もう話になりません。僕が25年と言いますと、「まだ若いね」という話になってしまいます。


「松任谷由実」ことユーミンさんにお会いしたときに、「ユーミン先輩、芸歴はどのぐらいですか？」と聞きますと、「芸歴で言うと45年かな」とおっしゃっていました。本格的にステージ活動を始めたのが１９７４（昭和49）年。僕の誕生年です。「あ〜、僕の人生、ユーミン先輩の手のひらだ」と思うようになりました。

幼稚園から小学校、そして中学校、高校、最後は専門学校、それからこの世界に入り、バイトしたとか、仕事が増えてきたとか、レギュラー持てたとか、コンビ解散して一人になった、結婚した、子どもができた、中古だけれどマンション買ったなどの、拙い僕の人生のすべてが、まるまるユーミンさんの芸歴と重なると、僕の人生のＢＧＭはユーミンさんになってしまいます。

僕の人生まるまる芸歴。ユーミンさんは普通に生きているわけです。かないません。この世界にいると、芸歴25年は何の自慢にもならない単なる通過点でしかありません。だから、「心はいつも半ズボン」と言っていられるのかなと自虐的になったりします。若くいられるのかもしれません。

先輩たちがいっぱいいるので、途方に暮れます。代表的な長寿社会のモデルケースです。ただ、この世界のすごいところは、世代を超えて人間関係が構築できることです。そう考えると、「中間管理職」をどう楽しむかにかかっていると思ったりするのです。

言葉⑨

新しい事業とは、苦難の末に成功に至るものである

およそ新創の事業は一直線に無難に進み行かるべきものではない。あるいは躓《つまず》き、あるいは悩み、種々の困難を経《へ》、辛苦を嘗《な》めて、はじめて成功を見るものである。

【『渋沢栄一訓言集』実業と経済】

絶対教えねぇ、奪えー!

父から息子への一流職人の〝技の継承〟(どんなに技の継承ができても、「味」の承継は無理と言われています)は、その名店にとって担い手と味が変わるという点では、新規事業に近い苦労が伴うものです。

渋沢さんがおっしゃるように、無難に進むことはありません。いや、むしろ無難に進ん

ではいけないものです。困難の連続を乗り越えて、初めて「有難き」という言葉が生まれるのは、漢字を見ていてもわかります。

代が替わり、なお先代同様に店が繁盛するというのは、企業の新規事業以上に大変なことでした。

僕はそのことを、あるテレビ番組に出演してほんの少しわかったような気がしました。「ああこういう職人がいるんだな」と思ったからです。

事前に、当代一流の天ぷら職人の店でロケをすることを、制作スタッフから聞かされていました。少し下町っぽい銀座の路地の一角に店はありました。予約が全然取れない店で、カウンターで天ぷらをいただきます。

店には60歳ぐらいの大将がいました。いたって普通の若い職人もいました。若い子は修業中の息子さんだそうです。

「大将は息子さんに教えているんですか?」と聞きますと、「教えねえよ」とつれない言葉が返ってきました。「何で教えないんですか? 跡取りだったら教えなきゃダメじゃないですか」と僕がたたみかけると、「いや教えねえ。俺が勝手に譲るのではなく、こいつが俺からそれを奪わなきゃダメだろ」と言うのです。

「この店を、もうおまえに任せると、俺に思わせるぐらいに、こいつが俺から奪わなきゃダメだ。だから、教えないんだよ」

厳しい修業だなと思いましたが、そのぐらい厳しくしないと、跡を継いでもお客様がついて来ないなと思いました。「教えるじゃなくて、だから奪う」、大将の話を聞いていると、これこそ間違いのない継承方法だと思いました。

水の流れのような一流の技は、教えられるものではない

大将自身のことも聞いてみました。

「お客さんのおいしかったなとか、また来ちゃったよとか、親父さんのモチベーションと言うか、報酬と言いますか、それは何ですか?」

「違うよ、俺のこと全然わかってないよ。俺はモテたいから、天ぷら屋をしてるんだよ。別に、おまえにうまく食ってほしいなんて思っていないよ。モテたいの、俺は」

大将の何かぶっきらぼうだけれど、その気風のよさに魅かれて大勢のお客様が通っていることがわかりました。さすがに、モテたいというだけあって、様子もカッコいいわけで

す。しかも、大将が揚げる天ぷらの味はメチャクチャおいしいのです。「同じ油、同じ食材であっても、息子さんが揚げると違うんですか？」と僕が聞くと、「息子のは食えないよ、天ぷら以前だよ」。で、実際、揚げていただき、食べてみると、味が違う別物になっていました。

不思議なもので、一流の方の仕事ぶりを見せてもらうと、仕事が水のようでした。美しく流れるのです。大将が言うように、教えられないものだと思いました。奪わないとこの味は出せないと感じます。

教えてもらうだけが仕事じゃない。ときには、そういう高い壁がないと人は成長しないのではないでしょうか。息子さんは、悪びれず飄々とその高い壁を越えるべく精進している様子でした。目の前の壁がどんなに高くとも、彼ならば乗り越えていくという確信を感じました。

2代目には、2代目としての闘いと戦いがあることも知りました。その壁に並んでもダメで、壁を越えないと越える味にならないと思いました。一番厳しい育て方です。

僕たちも、ご指名があって初めてお給金をいただけるのです。結局、「おまえの味が忘れられないよ」と呼んでもらえるのと同じだと思います。

言葉⑩

木を育てるには、道徳という根を固めよ

道徳を欠いては、決して世の中に立って、大いに力を伸ばすことはできない。農作物でもさようである。肥料をやって茎が伸び、大きくなるに従ってこれに相応して根を固めなければならない。しからざれば風が吹けば必ず倒れる。実が熟さぬ中に枯れてしまう。

【『渋沢栄一訓言集』道徳と功利】

先輩芸人になってからの後輩芸人への教え

「お笑い中間管理職」を自認するようになってから、可愛がっている後輩芸人たちがいます。そういう後輩芸人の連中には、きれいごとに聞こえるかもしれませんが、僕の気持ちとしては、「まあ、こいつらに最後は嫌われてもいいから、僕がやってきてよかったことは

教えよう」という思いです。

教える中で、「もう嫌いになったら嫌いになっていいから」、あるいは「うるせえなと思ったらそれでいいよ」と思っています。また、「やさしい先輩がいて楽しければ、そっち行けばいいし。ただね、やさしいだけじゃ伸びないことはあるからな」という気持ちもあります。

以上の決意を自分で確かめて、後輩芸人に教えていこうと改めて心に刻みました。渋沢さんのこの言葉は、今、一番必要な言葉だと思います。

後輩に教えるのは、難しいことです。僕が教えた後輩芸人には、さらに後輩芸人ができてきます。僕からすると、孫みたいなことになるわけです。これまで直に教えていた後輩とは異なり、孫となりますと一人の後輩芸人を介在しますから、さらにやっかいです。

あるとき、その場で一番後輩の芸人Aに、あれこれお願いをしました。すると、後輩芸人Bが、「ああ、いいよ、いいよ。俺がやっとくよ」とやさしさを見せたのです。

このとき、面倒ですが、話さなくてはいけません。その場で、「ちょっと待て、僕は今、おまえじゃなくて、あいつに頼んだんだよ」と呼び止めました。すると、後輩芸人Bは、「いやでも今、俺がついでに立ったんで俺がやりますと言うわけです。

「いや、僕はおまえが立っていたからやってくれじゃなくて、僕はAがやったほうがいいと思って、Aに頼んでいるから、おまえがやっちゃうとAが覚えないからやらないでくれ」と話しました。この説明が、殊のほか疲れました。

後輩芸人B、つまり真ん中の後輩からしたら、そいつにはそいつの今度、役割があるはずなんです。その下に後輩がいるということは、一番下の後輩にも役割があるし、真ん中の後輩にも役割があるし、その場で言うと僕が先輩だったので、僕の役割もあるわけです。

そこの立ち回りを何となく覚えておいたほうが、テレビ局から仕事をもらえるようになってから、考え方が定まりやすいと思ったので、私は教えたのです。

日本的な縦ラインを崩していいのか？

この悲しいくらいの気苦労、これは僕に限らず、日本の職場で数えきれないほど起きている現象だと思います。単純化して言えば、日本的なる縦ラインが崩れてきている現象です。

今の若者たちは、やはり縦ラインが嫌いなんです。それはなぜなのか。答えは「面倒だがいちいち縦社会にこだわるから」です。ましてや、テレビなんて自由業なので、「いや、なんでその世界にいちいち縦があるんだ?」という風潮も少しはあります。

昔はすべて縦ラインでした。それが当然で、当たり前の時代でした。テレビ番組の収録前に、先輩に挨拶に行くというのも昔は当たり前でしたが、今はほとんどありません。僕が若い頃は「挨拶しないとダメ」でしたから、「挨拶ねえな」と言われました。今は「挨拶ねえな」と言う先輩はいません。

縦ラインが崩れてくると、日本のさまざまな現場での足腰がダメになっていくはずです。これは道徳ではありませんが、日本が大切にしたい慣習です。

この慣習を核に日本の道徳は広がっていきました。現場や家庭も含めて、日本はそれがうまく回るシステムであることを自覚し、教える必要があると僕は思います。

コラム⑪

ドラッカーが尊敬した渋沢栄一

渋沢栄一の考えは、その後の一流経営者に大きな影響を与えていました。パナソニックの創業者の松下幸之助や、京セラを築いた稲盛和夫といった国内の経営者はもちろん、世界的に有名な経営学者のピーター・ドラッカーも、渋沢栄一の考えを尊敬していると言われています。

ドラッカーの名著『マネジメント』の序文に、次のようなことが書かれています。

「率直にいって私は、経営の『社会的責任』について論じた歴史的人物の中で、かの偉大な明治を築いた偉大な人物の一人である渋沢栄一の右に出るものを知らない。彼は世界のだれよりも早く、経営の本質は『責任』にほかならないということを見抜いていた」

〝経営の神様〟とも呼ばれるドラッカーが、渋沢栄一をいかに高く評価していたかがわかると思います。

渋沢栄一が実現しようとしたことに、「官尊民卑の打破」「独占の打破」「世界平和」の3点が挙げられます。

身分制度による理不尽さに疑問を持ち、差別のない社会の実現を目指した「官尊民卑の打破」では、創立した数多くの企業に身分に関係なく優れた人材を採用し、民間の地位を高めることに尽力しました。

「世界平和」を願い、特にアメリカとの親善に努めたことも知られています。実際に四度も渡米しており、ニューヨーク日本協会協賛会や日米関係委員会の活動を通して、アメリカの学者や実業家、政府関係者との交流を図ってきました。

何より重視したであろうことが「独占の打破」です。これは、「利益を独り占めにしない」ということを意味しています。渋沢栄一は「社会全体を富ませることこそが真の富である」という信念のもとに活動してきました。そのため、三菱や三井のような財閥を築くことをよしとせず、自らが富を独占することを否定したのです。

たとえば、1883(明治16)年には、当時の日本の海運事業を独占していた郵便汽船三菱会社に対抗するため、共同運輸会社をつくります。さらに1893(明治26)年には、海外航路を独占していたイギリスのピーオー汽船に対抗し、日本郵船の船で神戸とインドの間に日本初の海外航路を開かせます。1社が市場を独占するようなことを、渋沢栄一は許さなかったのです。

おそらく、三菱や三井以上の財閥を築くことができたであろう渋沢栄一ですが、経済によって国と国民を豊かにすることだけを夢見て邁進してきました。その信念は、現代の一流経営者たちの間にも受け継がれていることでしょう。

あとがき

いかがでしたか？

渋沢さんについて、僕の好き勝手に書いてきました。「その感覚は、今の時代にそぐわないですよ」とズバリ書いたりもしたので、あの世で渋沢さんは怒っているかもしれません。でも、柔軟な発想のできる渋沢さんです。きっと笑って、「今はそういう時代なんだな」と言って許してくれると信じています。

僕にとっては歴史上の人物の一人にすぎなかった渋沢さんですが、残された数多くの言葉を知り、その言葉を介して会話をさせていただいた感覚があります。幕末、明治、大正、昭和を生きた渋沢さんと、令和の今を生きる僕が、ときを超えて響きあう――。歴史を知ることの楽しさや醍醐味は、こういうところにあるのだと改めて思います。

みなさんの心の中に、「渋沢さんって、こんな人なんだ」という渋沢さん像が誕生していると嬉しいです。おそらく、渋沢さんのことを詳しく知っていらっしゃる方はあまり多くなかったと思います。渋沢さんがどんな人か、そのイメージがしっかり浮かぶようになってもらえたら、きっと渋沢さんも喜んでくれると僕は思うのです。

「時代をつくったのは明治新政府だけじゃない、民間の社会に新しい風を吹かせてきたのは私だぞ」と、渋沢さんは自分では言わないと思いますので、僕が代わりに言っておきます！

「お笑い中間管理職」としての僕の日々は、これからも続きます。どういうふうに続いていくか、それは僕にもわかりません。いくつになっても元気な先輩、どんどん歳が離れて話が通じなくなっていく後輩、間に挟まれながらもがく僕たち……。この図式は、そう簡単に変わることはないと思います。

ただ、お笑いの世界は、少しずつその形を変えていくのではないでしょうか。呼ばれたテレビ番組にただ出ているだけの時代は終わり、これからは動画配信サイトで芸人それぞれが個性を出して笑いを届けることが主流になるかもしれません。実際、インターネットの広がりを見て、右往左往している芸人は少なくありません。

もしかしたら、これからお笑い界は幕末の頃のような、ごちゃごちゃ感のある時代に突入していくのかもしれませんね。いろいろな分野でいろいろな芸人が現れて、試行錯誤し、躍動する、新しい時代の幕開けがすぐそこに来ているように思えます。

僕は司会の仕事が増えるかもしれないし、今回のように本を書く機会をもっといただくことになるかもしれない。お笑い界が新しい時代を迎えても、僕は変わらず半ズボンをはいて、ミッキーのTシャツを着て、好奇心、冒険心をなくさずにやっていきたいです。信念を貫いた渋沢さんから、その姿勢を学ばせてもらいました。

そして、もしまた人生の道に迷ったら、渋沢さんの言葉、生き様を、もう一度思い出して気持ちを奮い立たせたいと思います。

歴史の名所めぐりが趣味の僕ですが、今回の執筆のお話をいただいたのは新型コロナウイルスが猛威をふるっていた時期だったこともあり、まだ渋沢さんの生まれ育った深谷の地に行けていません。でも必ず、深谷の渋沢さんゆかりの地に足を運びます。

「渋沢センパイ。初めまして、こんばんみ！　埼玉の後輩・ビビる大木が来ました！」

２０２０年11月

ビビる大木

参考文献

『雨夜譚（あまよがたり）渋沢栄一自伝』渋沢栄一著・長幸男校注／岩波文庫／１９８４年刊
『現代語訳　論語と算盤』渋沢栄一著・守屋淳翻訳／ちくま新書／２０１０年刊
『渋沢栄一１００の訓言』渋澤健／日経ビジネス人文庫／２０１０年刊
『渋沢栄一の折れない心をつくる33の教え』渋澤健／東洋経済新報社／２０２０年刊
公益財団法人渋沢栄一記念財団（https://www.shibusawa.or.jp/index.html）
渋沢栄一デジタルミュージアム（www.city.fukaya.saitama.jp/shibusawa_eiichi/index.html）

著者略歴

ビビる大木（びびる・おおき）

1974年9月29日生まれ。埼玉県春日部市出身。1995年、渡辺プロダクションに所属し、コンビ「ビビる」を結成。2002年にコンビ解散、以後ピン芸人としてマルチに活躍中。

現在、テレビ東京「追跡LIVE！SPORTSウォッチャー」、テレビ東京「家、ついて行ってイイですか?」、中京テレビ「前略、大とくさん」でMCを務める。

趣味は幕末史跡めぐり。ジョン万次郎資料館名誉館長、春日部親善大使、埼玉応援団、萩ふるさと大使、高知県観光特使など、さまざまな観光・親善大使を務める。

主な著書に、『覚えておきたい幕末・維新の100人＋1』本間康司、ビビる大木著（清水書院）、『知る見るビビる』ビビる大木著（角川マガジンズ）などがある。

ビビる大木、渋沢栄一を語る

2020年12月14日　第1刷発行

著者　ビビる大木
発行者　長坂嘉昭
発行所　株式会社プレジデント社
〒102-8641　東京都千代田区平河町2-16-1 平河町森タワー13階
https://www.president.co.jp　https://presidentstore.jp/
電話：編集（03）3237－3732　販売（03）3237－3731
編集協力　株式会社ワタナベエンターテインメント
鮫島 敦　沖津彩乃（有限会社アトミック）
装丁　ナカミツデザイン
編集　桂木栄一
制作　関 結香
販売　高橋 徹　川井田美景　森田 巌　末吉秀樹　神田泰宏　花坂 稔
印刷・製本　凸版印刷株式会社

ISBN978-4-8334-2400-4